Jack Black

Der große Ausbruch aus Folsom Prison

The Big Break at Folsom, as told to Rose Wilder Lane[1], San Francisco, The Call-Bulletin, Jan. 1917

Aus dem Amerikanischen übersetzt von Axel Monte und Jerk Götterwind

KILLROY *media*

Impressum

Herausgegeben wird die Reihe Killroy 10 + 1 Stories
von Michael Schönauer.

Lektorat	Martin Plan, Asperg
Layout und Umschlaggestaltung	Eva Rosenberger, Stuttgart
Gesamtherstellung	Druckerei Steinmeier, Nördlingen

Bibliografische Information Der Deutschen Bibliothek
Die Deutsche Bibliothek verzeichnet diese Publikation in der Deutschen Nationalbibliografie; detaillierte bibliografische Daten sind im Internet abrufbar http://dnd.ddb.de

ISBN 978-3-931140-19-9

1. Auflage 2008

Wir widmen dieses Buch
Leonard Peltier
und allen anderen, die zu Unrecht oder unter unzumutbaren Bedingungen im Knast sitzen, wo auch immer auf der Welt.
www.leonardpeltier.org
www.freepeltier.org

Axel Monte & Jerk Götterwind

Ursprünglich gebaut, um Langzeithäftlinge, Gewohnheitsverbrecher und hoffnungslose Fälle aufzunehmen, erwarb sich das Folsom State Prison schnell den Ruf, ein Ort ohne Wiederkehr zu sein. Vor Fertigstellung der Granitmauer in den 1920ern war das Gefängnis der Schauplatz zahlreicher Fluchtversuche. Der erste fand schon bald nach Einlieferung der ersten Häftlinge im Jahre 1880 statt. Während der gesamten gewalttätigen und blutigen Geschichte von Folsom haben unzählige Revolten und Fluchtversuche zu Todesfällen unter Gefangenen und Wärtern geführt.

Folsom Prison Homepage, 2008

Jack Black, 1868-1933, Hobo und Berufseinbrecher,
seine autobiographischen Schriften beeinflußten die Genres
der *True-Crime*-Stories und *Hard-Boiled*-Krimis
und lieferten die Blaupause zu W. S. Burroughs' *Junky*.

Axel Monte, geboren 1962, Übersetzer, Ethnologe, lebt in München.

Jerk Götterwind, geboren 1967, lebt immer noch.

Inhalt

Ein Vorwort

Alles Schlechte auf dieser Welt neigt von Natur aus dazu, immer schlechter zu werden. Haß gebiert noch mehr Haß, Gewalt erzeugt noch mehr Gewalt, und Brutalität führt zu noch mehr Brutalität. Aber alle Entwicklungen des menschlichen Lebens stoßen irgendwann an ihre Grenze. Das trifft auf alle Erfahrungen zu, die ich in meinem Leben gemacht habe, ganz besonders aber auf die Veränderungen, die in den Gefängnissen stattgefunden haben.

Diese Veränderungen sind von den Häftlingen selbst in Gang gesetzt worden, und zwar durch den verzweifelten und blutigen Ausbruch aus dem Gefängnis von Folsom im Jahre 1903, dessen Zeuge ich wurde.

Dieser Ausbruch war das Aufbegehren hoffnungsloser Männer gegen hoffnungslose Haftbedingungen. Durch Brutalität, Gewalt und Terror zur Verzweiflung getrieben, rebellierten die Gefangenen, machten die Wärter nieder und stürmten einen Wachtturm, mit nichts anderem bewaffnet als Rasiermessern, die sie dem Knastbarbier entwendet hatten. Dann flohen sie mit einigen Wärtern als Geiseln in die Wälder. Heutzutage können Häftlinge so etwas nicht mehr tun. Sie geraten erst gar nicht in eine so verzweifelte Lage.

Als Protest war ihr Aufbegehren ein Erfolg. Aber keiner der Männer, die am großen Ausbruch beteiligt gewesen waren, hat davon profitiert. Die Hälfte von ihnen befindet sich heute weltweit auf der Flucht. Von der anderen Hälfte sind einige wieder eingefangen und gehängt worden. Andere sind erschossen worden, und der Rest befindet sich wieder in Haft.

Aber die Öffentlichkeit ist auf die Mißstände in den Gefängnissen aufmerksam geworden. Die Leute haben sich gefragt, was die Männer zu einer solchen Verzweiflungstat getrieben haben könnte. Und auch die Wärter begannen, obwohl sie die Häftlinge noch immer eher als Tiere denn als Menschen betrachteten, daran zu zweifeln, ob es so klug war, sie durch Grausamkeit in den Wahnsinn zu treiben. Damals haben die Veränderungen in den kalifornischen Gefängnissen ihren Anfang genommen. Ich bin nun gebeten worden, die Geschichte dieses Ausbruchs aus Folsom und der Veränderungen, die ihm folgten, aufzuschreiben.

Ich wünschte, ich würde mehr von der Kunst des Schreibens und des Redens verstehen. Aber zwanzig Jahre lang habe ich genau das Gegenteil von Schreiben und Reden getan. Als Jugendlicher wurde ich auf der Straße einmal von einem Cop aufgegriffen, der sagte: »Der Captain will dich sehen.« Während wir auf der Wache warteten, wurden noch weitere Männer hereingebracht. Der Mann, der neben mir saß, war doppelt so alt wie ich. Er musterte mich und fragte: »Was haste denn angestellt, Kleiner?«

»Nichts«, erwiderte ich.

»Na gut. Aber hör zu, wenn du dort hineingehst«, er zeigte auf die Tür zum Büro des Captains, »dann halt den Mund. Sag kein Wort. Reden mag Silber sein, aber hier ist Schweigen das einzige, was dich schützt.«

Ich schenkte diesem wertvollen Rat keine Beachtung, und als ich versuchte, den Captain davon zu überzeugen, daß er falsch lag, redete ich mich um Kopf und Kragen. Da erkannte ich die Weisheit, die im Rat des alten Mannes lag, und von diesem Tag an übte ich mich zwanzig Jahre in Schweigen und gebrauchte die wenigen Worte, die mir zur Verfügung standen, nur, um meine Gedanken zu verbergen und andere in die Irre zu führen.

In der Schule hatte ich gelernt, mit Stift und Papier umzugehen. Aber auch das gab ich auf, weil es noch gefährlicher war als Polizisten und Staatsanwälte. Schriftliche Notizen sind ein Fahrschein ins Zuchthaus.

Eine Gewohnheit, die man zwanzig Jahre lang sorgsam gepflegt hat, kann man nicht ablegen wie einen alten Mantel. Jetzt, wo ich Reden und Schreiben nicht länger fürchten muß, ja, wo beides für mich sogar angenehm und nützlich sein könnte, stelle ich fest, daß es mir beinahe unmöglich geworden ist. Derzeit kuriere ich mich jedoch an einem schönen Ort auf dem Lande aus, wo ich nichts zu tun habe, außer zu lesen und nachzudenken.

Das Unglück, das mich ins Krankenhaus gebracht hat, traf mich wie ein Blitz, der eine vertraute Landschaft in ein unheimliches Licht taucht. Er erhellte viele Dinge in mir, die ich dort nicht vermutet hätte. Als ich hier an diesem stillen Ort in den Bergen über diese Dinge und vieles andere nachdachte, erinnerte ich mich an eine Zeit in meinem Leben, als ich mich ganz anders fühlte als jemals zuvor. Ich bin bereit, davon zu erzählen, so gut ich kann, und ich werde mein Bestes geben.

Ich will niemandem etwas vormachen über die Gründe, warum ich vor drei Jahren ›anständig‹ geworden bin. Ich habe es getan, weil ich mich in einer Lage befunden hatte, in der ein Mensch nicht anders handeln konnte. Ich stand in der Schuld eines Richters, Judge Dunne, der mit mir ein Risiko eingegangen war. Die einzige Möglichkeit, wie ich es ihm zurückzahlen konnte, bestand darin, mit dem Stehlen aufzuhören und eine geregelte Arbeit anzunehmen.

Und das habe ich getan. Aber damals hatte noch keine bewußte Veränderung in meiner Haltung gegenüber dem Leben stattgefunden. Als ich direkt nach dem Ausbruch aus Folsom entlassen wurde, haßte ich alles, was lebte. Ich betrachtete die Menschen so, wie ein Wolf seine Beute betrachtet. Ich hob meine Hand und schwor, als Geschöpf der Nacht zu leben und das Licht der Sonne zu meiden. Ich wollte keine Freundschaften schließen oder gute Taten vollbringen. Was ich zum Leben brauchte, wollte ich mir einfach nehmen, und zwar mit Gewalt.

Mit diesem Haß auf alles und jeden verbrachte ich kurze Zeit in Freiheit. Dann hat mich ein Spitzel verpfiffen und ich saß wieder im Knast. Ich wurde sofort für schuldig befunden und zu fünfundzwanzig Jahren verurteilt. Ich legte Berufung ein. Mein Anwalt kämpfte mit den Waffen des Gesetzes gegen das Gericht. Während das Verfahren sich hinschleppte, verbrachte ich einige Jahre im Bezirksgefängnis. Schließlich kam ich zur Neuverhandlung wieder vor Gericht.

Der Vorsitzende Richter erwies sich als ein Freund. Er gab mir die Mindeststrafe: ein Jahr. Er ging damit ein Risiko ein. Ich wußte, daß ich ihn nicht enttäuschen durfte. Ich mußte es ihm zurückzahlen, und die einzige Möglichkeit bestand darin, ihm keine Schande zu machen.

Mit einem Lächeln verließ ich den Gerichtssaal, mit einem Lächeln ging ich nach San Quentin, und mit einem Lächeln saß ich dort mein Jahr ab. In San Quentin gab es keine Zwangsjacken mehr, kein Aufhängen, und den Häftlingen wurde auch nicht mehr wegen jeder Kleinigkeit die

Haftverkürzung gestrichen. Nichts war mehr so, wie ich es aus Folsom kannte. Die Gefangenen brachten sich nicht mehr gegenseitig um, sie griffen die Wärter nicht mehr an, und es kam innerhalb der Gefängnismauern auch nicht mehr zu Selbstmorden.

Als mein Jahr vorüber war, wurde ich entlassen und fing an zu arbeiten. Mit Hilfe meiner Freunde gelang mir das ganz gut. Es gab immer Hände, die mich hielten, wenn ich zu straucheln drohte. Nachdem ich dann drei Jahre gearbeitet hatte und sauber geblieben war, wurde ich plötzlich von den Zeitungen scharf angegriffen, wegen Dingen, die längst Vergangenheit waren. In mir stieg wieder Haß empor. Ich weiß nicht, ob ich ihm irgendwann freien Lauf gelassen hätte oder nicht. Bevor ich Gelegenheit dazu bekam, wurde ich niedergeschossen.

Dieser Schuß brachte scharenweise Freunde an meine Seite. Der tapfere Richter, der für mich ein Risiko eingegangen war. Der Mann, der mir einen Job gegeben und sein Geld anvertraut hatte. Die guten Leute, die mir ihr Haus geöffnet und mir ein Zuhause gegeben hatten, als ich aus San Quentin entlassen wurde. Sie alle waren zur Stelle.

Ich war erstaunt, wieviele Freundschaften ich in den drei Jahren geschlossen hatte. Es freute mich auch und machte mich stolz, daß mir die Freunde aus meinem früheren Leben treu geblieben waren. Einige von ihnen schrieben, andere riefen an, und manche ließen sich sogar von dem Polizisten vor dem Krankenhaus nicht abschrecken und kamen mich besuchen. Man müßte schon sehr hartherzig sein, um solcher Treue und Güte gegenüber kalt zu bleiben. Ich verbannte auch noch das letzte bittere Gefühl aus meinem Herzen. Ich hatte meinem schlimmsten Feind vergeben, und ich konnte sogar dem Spitzel vergeben, der mich verpfiffen hat.

Als ich die Vorladung zur Verhandlung erhielt, um gegen den Mann auszusagen, der mich angeschossen hatte, bat ich den Richter, das Verfahren einzustellen. Ich, der ich noch sechs Jahre zuvor überzeugt gewesen war, daß man Gewalt mit Gewalt vergelten müsse, und Kugeln mit Kugeln, verspürte keinen Wunsch, mich an Bob Wall zu rächen. Ohne seine Tat hätte ich niemals die ganze Tiefe der Zuneigung erfahren, die meine Freunde mir entgegenbrachten.

Das Verfahren wurde eingestellt. Bob Wall kam frei. So wurde eine haßerfüllte Fehde beendet, bevor sie überhaupt beginnen konnte. Gewalt erzeugt Gewalt, und Brutalität führt zu weiterer Brutalität. Aber ebenso bringt Freundschaft Freundschaft hervor, und Güte führt zu Güte.

Also werde ich jetzt versuchen, zu berichten, wie ich die Veränderung von Brutalität zu Güte in den kalifornischen Gefängnissen erlebt habe, und welche Auswirkungen diese Veränderungen gehabt haben.

1. Meine frühen Eindrücke vom Leben

Die meisten Gauner lassen sich auf das Spiel ein, weil es Abenteuer verspricht. Jugendliche mögen Abenteuer. Sie finden es spannend, etwas zu riskieren, verfolgt zu werden und zu entwischen.

Es gibt keine Indianer mehr, die es zu bekämpfen gilt. In der Vorstellung der Jugendlichen auf der Straße hat der Polizist an der Ecke ihren Platz eingenommen. Für einen jungen Burschen ist es ein Spaß, Fensterscheiben einzuwerfen oder kleinere Dinge zu stehlen und deswegen von der Polizei gesucht zu werden. Die Dinge, die er stiehlt, sind für ihn uninteressant. Er genießt nur den Nervenkitzel, gejagt zu werden.

Niemand mag Polizisten. Warum das so ist, weiß ich nicht. Wenn sie außer Dienst sind, zu Hause im Kreise ihrer Familie oder unter Freunden, dann, so denke ich, sind sie Menschen wie alle anderen auch. Aber ich kann mir nicht ein einziges Buch oder Theaterstück in Erinnerung rufen, in dem ein Polizist der Held ist. Von *Les Miserables* bis hin zum Groschenheft ist der Polizist entweder ein verachtenswerter Charakter oder eine Karikatur seiner selbst. Niemand kann ihn leiden. Ob es seine Uniform ist oder seine überhebliche, tyrannische Art, oder ob es daran liegt, daß die menschliche Natur instinktiv brutale, unerbittliche Autorität haßt, ich weiß es nicht. Ich weiß nur, daß ein übermütiger junger Bursche, der ein paar Mal von der Polizei aufgegriffen und schikaniert worden ist, sie zu hassen beginnt.

Ich wurde zum ersten Mal in Denver verhaftet, wo ich als Küchenjunge im Restaurant Tortoni gearbeitet habe. Ich war von zu Hause weggelaufen, um in den Westen zu gehen. Ich wollte mir die Cowboys und die Indianer, die Rocky Mountains und den Ozean anschauen. Ich habe hier und da gearbeitet und tatsächlich auch alles gesehen. Aber schon bald darauf habe ich zu stehlen angefangen.

Das Tortoni war ein großes feines Restaurant, das weithin bekannt war. Ich hatte dort einen guten Job und mochte meine Arbeit. Die Nachmittage nutzte ich, um Ausflüge zu machen und im Fluß zu baden. Es gab dort eine gute Schwimmstelle.

In der Nähe des Ufers hatten Tramps unter ein paar Bäumen ihr Lager aufgeschlagen. An ihren Feuerstellen bereiteten sie Kannen mit heißem Kaffee zu. Sie lagen herum, wuschen sich und kochten ihre Kleidung aus und gingen schwimmen. Sie stahlen Hühner aus der Nachbarschaft und auch sonst alles, was sie in die Finger bekommen konnten.

Eines Nachmittags, als ich gerade schwimmen war, gab es im Lager plötzlich einen Aufruhr und alle Tramps machten sich aus dem Staub. Erst kapierte ich nicht, was los war, dann schwamm ich ans Ufer und lief zu meinen Klamotten. Ich hatte sie mir gerade gegriffen, als die Polizei eintraf und mich festnahm.

Dann wurde ich in den Streifenwagen gesteckt. Ich war der einzige, den sie erwischt hatten. Erst später schnappten sie noch ein oder zwei andere im Wald und warfen uns alle zusammen ins Gefängnis. Ich ängstigte mich zu Tode. Sie sperrten uns alle in einen großen Raum, in dem schon andere Tramps waren, die sie aufgegriffen hatten. Die Polizei hatte Order bekommen, die Stadt zu säubern.

Am nächsten Morgen stellten sie uns alle vor Gericht. Es war das erste Mal, daß ich vor Gericht stand. Man warf uns Landstreicherei vor. Als mein Name aufgerufen wurde, protestierte ich. Ich sagte: »Euer Ehren, Ihr könnt mich nicht als Landstreicher bezeichnen. Ich bin kein Landstreicher.«

Der Richter sagte: »Du weißt nicht, was du redest. Was ist denn ein Landstreicher?«

Ich war so durcheinander, daß ich kaum wußte, was ich antworten sollte. Schließlich sagte ich: »Ich denke, ein Landstreicher ist ein Mann, der kein Geld hat.«

»Na, du bist ja ein ganz Gerissener«, bellte der Richter. »Fünfzehn Tage.«

»Euer Ehren, das könnt Ihr nicht machen. Ich bin kein Landstreicher. Ich habe einen Job und zwei Dollar unten im Büro.« Ich rief noch eine Menge mehr, während ich von einem Polizisten zum Ausgang gezerrt wurde, doch niemand nahm Notiz davon.

Danach habe ich versucht, Kontakt zu meinem Arbeitgeber aufzunehmen. Ich glaube, ich habe ihm sogar eine Nachricht geschickt. Allerdings mußte ich den ganzen Tag und die ganze Nacht in dem Raum bleiben, in den sie uns schon gestern gesteckt hatten. Am nächsten Morgen wurde eine Seitentür geöffnet. Dann fingen sie an, sich einige Männer rauszugreifen, die in einer Kolonne aneinandergekettet beim Straßenbau arbeiten sollten. Vor und hinter der Tür stand jeweils ein Polizist, der die Gefangenen zählte. Ich erkannte meine Chance. Schnell entschlossen riß ich mich wie ein wildes Tier von ihnen los. Wenn sie mich verfolgt hätten, wären die anderen auch noch abgehauen. Also ließen sie mich laufen.

Ich kehrte weder an meinen Arbeitsplatz noch in mein Zimmer zurück. Ich hatte zuviel Angst. So schnell ich konnte verließ ich die Stadt und lief ohne anzuhalten den ganzen Tag und die ganze Nacht hindurch. Ich hatte weder Hut noch Mantel. Beides war im Gefängnis geblieben.

Nach zwanzig Meilen kam ich im Morgengrauen in einer anderen Stadt an. Ich ging eine Straße entlang, die beidseitig von kleinen Häusern mit Vorgärten gesäumt war, als ich einen Kinderwagen sah, der vor einem dieser Häuser stand. Im Vorbeigehen schaute ich hinein. Er war leer, bis auf einen zusammengerollten Mantel, der wohl als Kissen oder Decke für das Baby benutzt worden war. Ich nahm den Mantel und zog ihn über. Das war mein erster Diebstahl überhaupt, für den ich hätte ins Gefängnis kommen können. Ich zog dann weiter und fand einen neuen Job. Und schließlich trampte ich den Weg zurück nach Kansas City, wo mein Vater lebte.

Ich denke, so beginnt die Laufbahn vieler junger Verbrecher. Bis dahin hatte ich noch nie etwas gestohlen, aber nach einigen derartigen Begegnungen mit der Polizei entwickelte sich zwischen uns eine Fehde. Man verspürt Freude, sie zu überlisten, und genießt den Nervenkitzel ein

Outlaw zu sein und damit durchzukommen. Das ist es, was viele junge Kriminelle antreibt. Ob etwas richtig oder falsch ist, kommt ihnen gar nicht in den Sinn. Jeder Mensch lebt davon, einem anderen etwas wegzunehmen. Unsere Gesellschaft hat Regeln aufgestellt, nach denen einige Methoden des Wegnehmens erlaubt sind, andere nicht. Eigentumsrechte sind eine abstrakte Sache. Ich glaube nicht, daß irgendein Jugendlicher unter zwanzig denkt, sie würden auch für ihn gelten.

Der normale Jugendliche stiehlt nicht, weil man ihm beigebracht hat, daß es falsch und gefährlich ist. Der kriminelle Jugendliche stiehlt, weil er erfahren hat, daß es gefährlich und abenteuerlich ist. Er mag den Nervenkitzel, der damit verbunden ist. Diese Stimmung hält jedoch nicht lange an. Vielleicht ein Jahr oder so. Dann ist man es leid, ständig auf der Flucht zu sein. Man hat die Aufregung satt und sehnt sich nach Ruhe. Dann beginnt man, an Geld zu denken. Viel Geld, damit man aussteigen kann.

Für mich war dieser Zeitpunkt mit einundzwanzig gekommen. Fünf Jahre später kam ich nach San Francisco, bereit auszusteigen. Hinter mir lagen drei erfolgreiche Jahre. Auf der Bank waren fünftausend Dollar und noch einiges mehr in Juwelen. Ich war dabei, anständig zu werden, mich zur Ruhe zu setzen und in ein Geschäft einzusteigen. Ich träumte von einem hübschen, kleinen Saloon mit einer Tanzhalle. Hunderte Male hatte ich mir das wohl schon ausgemalt. Ich konnte das Haus, das mir vorschwebte, förmlich vor mir sehen.

2. Der Saloonbesitzer war mein Held

Als ich ein Junge war, gab es genau so einen Saloon an der Ecke bei der Pension, in der mein Vater und ich lebten. Der Besitzer pflegte immer davor zu stehen, und ich habe ihn beobachtet und gehofft, eines Tages wie er sein zu können. Er war ein fetter Kerl, der eine gestreifte Weste trug, mit einer schweren goldenen Uhrkette, an der als Talisman ein Zwanzigdollarstück baumelte. Er war eine Art Lokalpolitiker. Er stand immer da, den Hut in den Nacken geschoben, eine dicke Zigarre im Mund, ein beliebter und erfolgreicher Mann.

Ich wünschte mir, irgendwann auch einmal einen solchen Saloon besitzen zu können, und eine gestreifte Weste mit einem goldenen Zwanzigdollarstück an meiner Uhrkette, und wollte eine Frau haben, die vor lauter Diamanten glitzert und nach Feierabend vorbeikommt und sich an die Theke setzt, während ich das Geld zähle. Und dann würden wir zu einem Etablissement gehen, wo wir bis in die Morgenstunden Opium rauchten. So stellte ich mir das Paradies vor.

Als ich mit dem ganzen Geld auf der Bank nach San Francisco kam, hätte ich all das haben können. Aber ich wollte keine gestreifte Weste mehr, und auch kein Goldstück an meiner Uhrkette. Ich wollte mit dem Stehlen aufhören und all meinen Freunden zeigen, daß ich so erfolgreich gewesen war, daß ich aufhören konnte. Ich wollte mir den Polizeichef kaufen, damit seine Leute mich in Ruhe ließen. Ich wollte einen kleinen, gutgehenden Saloon, wo meine Freunde abends vorbeikommen konnten.

Ich schlug all meine heiße Ware los und legte das Geld auf die Bank. Es blieb nur ein Päckchen übrig, das ich oben in Kanada versteckt hatte. Es enthielt die Auslagen eines Juweliers, Uhren, Ringe und so weiter. Es war zu sperrig gewesen, um es mitzunehmen. Ich hatte nur die Klunker eingesteckt und den Rest dort gelassen, um ihn später zu holen, wenn die Lage sich beruhigt hatte und es kein Risiko mehr bedeutete.

Während ich mich nach einem Saloon umsah, traf ich einen Freund, Eddie Johnson, von dem ich wußte, daß er koscher war. Er gehörte zur Unterwelt, besaß zwar nicht viel Erfahrung, war aber ein guter und zuverlässiger Kerl. Er war krank und pleite und auf der Suche nach einer guten Gelegenheit. Ich gab ihm ein paar von den Klunkern, die er verkaufen sollte. Eigentlich nur, um ihm einen Gefallen zu tun. Er vertickte sie ohne Schwierigkeiten, also schickte ich ihn nach Kanada, um mein Päckchen zu holen. Das war der Fehler, der mich nach Folsom bringen sollte.

Ich gab ihm für jeden Schritt, den er tun mußte, detaillierte Anweisungen. Aber er verfügte über keine große Erfahrung und war zudem ein süchtiger Faro-Spieler. Er fand das Päckchen unversehrt vor, so wie ich es ihm beschrieben hatte. Es war nur ein kleines Kaff und sein Zug fuhr erst am nächsten Morgen. Also ging er in der Nacht in eine Spielhalle und verlor das ganze Geld, das ich ihm für die Fahrt gegeben hatte.

Am nächsten Morgen öffnete er das Päckchen, nahm ein paar Uhren heraus und verkaufte sie gleich vor Ort. Dann wickelte er alles wieder ein, schickte es per Express nach San Francisco, so wie ich es ihm aufgetragen hatte, und setzte sich selbst in den nächsten Zug. Ich holte ihn von der Fähre ab. Alles sah sicher und ruhig aus. Ich befragte ihn über jeden Schritt, den er getan hatte. Er erzählte mir eine glaubwürdige Geschichte, aber ich merkte, daß er mir etwas verschwieg. Wäre er ehrlich zu mir gewesen und hätte mir vom Verkauf der Uhren erzählt, dann hätte ich sofort gesagt: »Mein Gott, laß uns hier bloß schnell verschwinden!«

Aber er traute sich nicht, mir die Wahrheit zu sagen. Also machten wir uns auf, um das Päckchen abzuholen. Ich wartete draußen, er ging hinein. Das Päckchen war noch nicht angekommen. Nun gut, ich dachte über die Sache nach, aber sie kam mir noch immer nicht krumm vor. Es bestand keine Möglichkeit, daß sie mich irgendwie mit dem Päckchen in Verbindung bringen könnten. Johnson war der einzige, der in dieser Sache aufgetaucht war, und was den Raub anging, besaß er ein wasserdichtes Alibi. Außerdem war es nicht ungewöhnlich, daß sich eine Paketsendung mal verspätete.

Am nächsten Tag gingen wir wieder hin. Das Päckchen war noch immer nicht da. Ich konnte durch die Glasscheibe sehen, wie er mit den Beamten diskutierte. Sie ließen nach der Sendung suchen. Sie war nicht aufzufinden, aber es schien mir nach wie vor unverdächtig zu sein.

Die Vereinigung der Juweliere hatte eine hohe Belohnung ausgesetzt. Noch am Tag, als Johnson Kanada verließ, wurden die Uhren bei der Polizei abgegeben. Sie stellten Nachforschungen an und erfuhren von der Express-Sendung. Sie fingen sie unterwegs ab und fanden die restlichen Uhren und Ringe. Sie dachten, Johnson wäre ihr Mann. Aber sie waren scharf auf die Belohnung, und statt der Polizei hier zu telegrafieren, ihn im Expressbüro zu schnappen, stiegen sie selbst in den Zug und fuhren nach San Francisco. Am dritten Tag trafen sie ein und verhafteten Johnson.

3. Die Schlinge zieht sich zu

In dem Augenblick, als ich hörte, daß Johnson verhaftet worden war, wußte ich, was los war. Es blieb mir noch genug Zeit, um abzuhauen. Die Polizei dachte, sie hätten in Johnson den Mann gefunden, den sie suchten. Ich war absolut sauber. Es gab nicht die Spur eines Beweises, die mich mit dem Einbruch in Verbindung brachte. Und ich war sicher, daß Johnson nicht reden würde.

Ich wußte jedoch, daß die Polizei in ein oder zwei Tagen herausbekommen würde, daß Johnson sich in San Francisco aufgehalten hatte, als der Raub in Kanada begangen wurde. Sie würden sich nach seinen Freunden erkundigen und es würde nicht lange dauern, bis sie herausfänden, daß wir im gleichen Haus wohnten. Ich war als Dieb bekannt, meine Spezialität waren Juweliergeschäfte. Sie würden eins und eins zusammenzählen und zu dem Ergebnis kommen, daß ich ihr Mann war.

Noch glaubte ich, mit heiler Haut davonkommen zu können. Ich hatte Geld und konnte mir einen guten Anwalt leisten. Es lag an mir, in bezug auf Johnson das Richtige zu tun. Er hielt dicht und schützte mich dadurch. Wenn ich einen Rechtsanwalt anheuerte, der mich da rauspauken würde, konnte er anschließend vielleicht auch Johnson freikriegen.

Ich machte also klar Schiff, nahm die paar Klunker, die ich noch hatte und packte sie zusammen mit dem Geld in einen Safe. Den Schlüssel versteckte ich an einem sicheren Platz und wartete dann, daß sie mich verhafteten. Das geschah drei Tage später.

Die Sache sah einfach aus. Sie hatten nichts gegen mich in der Hand, nur einen Verdacht. Ich war sicher, daß mein Anwalt mich da rausholen würde. Und wenn sie keine Beweise gegen mich hatten, mußten sie auch Johnson gehen lassen. Zu meiner Überraschung steckten sie uns in dieselbe Zelle. Ich glaube, sie taten das, um unsere Gespräche belauschen zu können. Sie hatten dafür spezielle Zellen mit doppelten Wänden. Aber wir sprachen kein Wort, außer mit unserem Anwalt, außerhalb der Zelle, wo es sicher war.

Ich hatte elf Einhundertdollarnoten ins Gefängnis geschmuggelt, die so in meiner Kleidung eingenäht waren, daß sie bei der Durchsuchung nicht gefunden wurden. Als erstes engagierte ich einen Anwalt, den besten in der Stadt. Ich teilte ihm die Fakten mit und er sagte: »Kein Problem. Man kann Sie nicht wegen ein paar Telegrammen festhalten. Ich werde Sie da aufgrund des Gesetzes zum Schutz der persönlichen Freiheit rausholen.«[2]

Zum Glück landeten wir mit unserem Fall vor einem Gericht, das wir mit Geld schmieren konnten. Ich gab dem Richter ein paar hundert Dollar, und als wir zur Verhandlung kamen, stand bereits fest, daß unser Verfahren eingestellt werden würde.

Der Polizeichef aus Victoria in British Columbia war inzwischen persönlich eingetroffen, um mich nach Kanada mitzunehmen. Er erwartete nur die üblichen Formalitäten und hatte das Auslieferungsersuchen gleich mitgebracht. Es war das gewaltigste Dokument, das ich je gesehen hatte. Ein großes Stück Pergament, fast einen Quadratmeter groß, mit Prägedruck und Gravuren, vom Gouverneur unterzeichnet und mit dem großen roten Siegel von Queen Victoria persönlich versehen. Es war eine formelle Anfrage der britischen Regierung an die Regierung in Washington.

Der Polizeichef hatte das Dokument eingerollt und in einer Ledertasche verstaut. Er holte es so vorsichtig hervor, als sei es eine Tausenddollarnote, und legte es dem Richter vor, der es sich ansah.

»Woher haben Sie dieses Dokument?« fragte er.

»Von der Regierung in Ottawa.«

»Waren Sie selbst in Ottawa, um es abzuholen?«

»Nein, ich habe es per Post bekommen«, antwortete der Polizeichef.

Der Richter schaute sich erneut das Dokument an und tippte mit dem Finger auf die Unterschrift am Ende.

»Was ist das?«

»Das ist die Unterschrift von Lord Aberdeen, dem Generalgouverneur von Kanada.«

»Haben Sie gesehen, wie er unterschrieben hat?«

»Nein.«

»Hm«, sagte der Richter und legte das Dokument beiseite. Mein Anwalt nahm es auf und las es sorgfältig durch. Dann fragte er:

»Woher wissen Sie, daß dies die Unterschrift von Lord Aberdeen ist? Wo waren Sie, als er es unterschrieben hat? Haben Sie je persönlich gesehen, wie er andere Papiere unterzeichnet hat? Haben Sie Lord Aberdeen überhaupt jemals gesehen? Und was ist das da für ein Ding?«

Er tippte auf das Siegel, das mächtige rote Siegel, so groß wie seine Hand.

»Das ist das Siegel Ihrer Majestät, Queen Victoria von England.«

Der Mann bekam vor Empörung einen roten Kopf und war sehr aufgebracht.

Mein Anwalt erwiderte:

»Tatsächlich? Woher wollen Sie das wissen? Haben Sie gesehen, wie sie das Siegel angebracht hat? Ist sie etwa hier anwesend, um es zu identifizieren? In diesem Gerichtssaal ist keine Victoria, oder? Das könnte auch das Siegel von Jane Doe sein, einer Waschfrau. Meinen Sie, dieses Gericht wird so ein Ding anerkennen?«

Er schleuderte das Dokument mitten im Gerichtssaal auf den Boden.

»Kommen Sie wieder, wenn Sie etwas Besseres haben als das«, sagte er und versetzte dem Schriftstück einen Fußtritt. Der kanadische Polizist lief schnell herbei, hob das Dokument auf, wischte den Schmutz ab und rollte es wieder ein, als sei es pures Gold.

Der Richter sagte: »Das Gericht kann dieses Dokument nicht als gültig anerkennen. Sie kommen hier mit einem Ersuchen an, das die Auslieferung des Beschuldigten fordert, aber ohne Beweis, daß dieses Papier echt ist. Es könnte sich um eine Fälschung handeln. Wir wissen, daß es in Kanada einen Lord Aberdeen gibt, aber wir haben keinen Beweis, daß es seine Unterschrift ist. Ich kann keinen Menschen aufgrund eines solchen Indizes festhalten. Der Beschuldigte wird freigesprochen.«

Ich nahm meinen Hut. Mein Anwalt sagte: »Sie werden nicht weiter als bis zur Tür kommen. Draußen werden Sie schon erwartet.«

»Nun, zumindest werde ich bis zur Tür kommen«, erwiderte ich. Ich ging raus, den Gang entlang und wurde draußen vor der Tür tatsächlich erneut verhaftet.

Schon am nächsten Tag hatte mein Anwalt einen weiteren Erlaß erwirkt, so daß mich der Richter ein weiteres Mal gehen ließ. Doch ich wurde sofort wieder verhaftet. Als mich der Richter zum dritten Mal auf freien Fuß setzte, wurde er langsam ungehalten. Er kündigte an, daß er den Polizisten, der mich wieder ohne weitere Beweise verhaftet hatte, wegen Mißachtung des Gerichts belangen würde.

Inzwischen waren sie vor die Grand Jury gezogen und beschuldigten mich, Diebesgut in den Staat gebracht zu haben. Als der Fall wieder aufgenommen wurde, kam ich vor einen anderen Richter. Sie hatten gemerkt, daß ich sie im vorigen Gericht linken konnte. Also brachten sie mich vor ein anderes, wo sie mich linken konnten. Sie waren fest entschlossen, mich dranzukriegen, mit welchen Mitteln auch immer.

4. Eine Frau tritt auf den Plan

Während ich im Gefängnis saß, waren die Polizisten natürlich damit beschäftigt, Beweise gegen mich zu sammeln. Da sie keine fanden, machten sie welche. Sie spürten in Kanada eine Frau auf, die mich kannte. Sie war eine Diebin, und auch eine Hure, doch hauptsächlich eine Diebin. Sie war verbittert, verbittert und hart. Die meisten Huren sind anders. Man findet wirklich selten eine, die verbittert ist. Aber wenn du so einer begegnest, kannst du ihr nicht mehr trauen als einer Schlange. Sie wird dir in den Rücken fallen, wenn du es am wenigsten erwartest. Aus reiner Bosheit.

Wir hatten gemeinsam einiges an Geld gemacht. Wir waren zwei Außenseiter, die sich zusammengetan hatten. Von dem Raub, der mir jetzt vorgeworfen wurde, hatte ich ihr jedoch nichts erzählt. Als ich die Sache ausbaldowerte, hatte ich wohl daran gedacht, war aber zu dem Ergebnis gekommen, daß es besser sei, sie nicht einzuweihen. Wenn sie Bescheid wüßte, würde sie die Hälfte der Juwelen verlangen. Dagegen war auch nichts einzuwenden, aber sie ist eine Frau, und nichts hätte sie davon abgehalten, die Juwelen zur Schau zu tragen. Da bin ich mir sicher. Es hätte keine Woche gedauert und die Polizei wäre mir auf die Schliche gekommen, weil sie mit den Klunkern durch die Gegend stolziert. So blieb mir nur die Wahl zwischen der Frau und dem Bruch. Den Bruch konnte ich mir nicht entgehen lassen, er war einfach zu verlockend.

Also sagte ich ihr, daß ich die Stadt verlassen würde, räumte den Juwelenladen leer und fuhr mit meiner Beute nach San Francisco, um sie dort zu verkaufen. Als sie dann von dem Raub hörte, war ihr natürlich sofort klar, daß ich dahintersteckte. Sie dachte, daß ich sie hintergangen hätte, um nicht die Beute mit ihr teilen zu müssen. Sie war natürlich sauer. Ich weiß nicht, was sie den Polizisten erzählt hat, die sie ausfindig gemacht hatten, aber viel kann es nicht gewesen sein, denn sie wurde für eine fingierte Zeugenaussage nach San Francisco gebracht.

Ich war inzwischen angeklagt worden, Diebesgut in den Staat gebracht, und Johnson, es entgegengenommen zu haben. Er war verheiratet, und seine Frau kam ihn immer im Gefängnis besuchen. Die Polizei wartete also, bis Johnsons Frau wieder einmal im Knast war. Dann holten sie ihn unter einem Vorwand weg und ließen mich mit ihr allein. Während wir dasaßen und redeten, führten sie die Frau aus Kanada herein und plazierten sie hinter einem Wandschirm, von wo aus sie uns unbemerkt beobachten konnte.

»Da sehen Sie's, wegen dieser Frau hat er Sie sitzen lassen«, sagten sie ihr. »Das ist die Frau, die die Juwelen bekommen hat. Für sie gibt er sein Geld aus. Nun wissen Sie, warum er Sie hintergangen hat.«

Ich bemerkte sie erst, als der Schirm umflog und sie auf mich losging, bevor die Polizisten sie aufhalten konnten. Sie belegte mich mit allen Schimpfwörtern, die man sich vorstellen kann. Sie wurde dann schnell weggebracht, aber ich fürchtete das Schlimmste. Und sie tat sich dann auch keinen Zwang an. Mein Anwalt hatte gar keine Chance, an sie heranzukommen. Sie trat in den Zeugenstand, schwor einen Meineid und bezeugte, daß ich ihr alles über den Raub gestanden, die Juwelen zu ihr gebracht und ihr einige davon angeboten hätte.

Die nächste Überraschung war der Pfandleiher. Johnson hatte ihm einige der Juwelen verkauft, aber ich selbst war nie bei ihm gewesen. Er hatte mich also nie gesehen und konnte mich auch nicht von woanders her kennen. Dennoch trat er in den Zeugenstand und identifizierte mich ohne Schwierigkeiten. Er sagte, ich sei mehrmals in seinem Laden gewesen, er würde mich gut kennen und ich hätte ihm auch einige der Steine verkauft. Er hatte sogar seine Geschäftsbücher mitgebracht und deutete auf einen Namen, mit dem ich angeblich unterschrieben hätte. Später erfuhr ich, daß er in vielen Fällen als Zeuge auftrat und gegen Bezahlung mit der Polizei zusammenarbeitete.

Als Johnson sah, was sie mit dem Pfandleiher veranstalteten, wollte er sofort in den Zeugenstand und aussagen, daß er der Mann sei, der die Steine verkauft hatte. Doch ich hielt ihn zurück, es wäre nur seine sichere Fahrkarte in den Knast gewesen. Außerdem dachte ich noch immer, daß ich auch so heil aus der Sache rauskommen würde.

Was die Polizei jedoch nicht ausfindig machen konnte, waren die Juwelen. Sie durchkämmten die ganze Stadt. Sie waren sich sicher, daß ich sie irgendwo versteckt hatte. Sie ließen sogar meinen Anwalt beschatten, aber er war zu schlau für sie. Ich machte mir wegen der Juwelen im Safe Sorgen. Vielleicht würden sie sie doch noch ans Tageslicht befördern. Also sagte ich meinem Anwalt, wo ich den Schlüssel zum Safe deponiert hatte – bei einem Barkeeper, der koscher war –, und bat ihn, sie zu holen. Das hat er dann auch wirklich geschickt angestellt.

An dem Morgen, als mein Fall vor Gericht kam, konnte ich meinen Anwalt nirgendwo sehen. Die Polizisten waren da, alles war bereit. Alle Kriminalbeamten, die mit dem Fall zu tun hatten, waren ebenfalls versammelt, und der Richter saß auf seinem Platz. Alle waren vor Ort, nur mein Anwalt nicht.

Wir warteten ein oder zwei Minuten, aber er tauchte nicht auf. Der Richter wurde ungeduldig. Er verkündete, noch fünf Minuten warten zu wollen. Die Zeit verstrich, ohne daß der Anwalt sich blicken ließ. Der Richter sagte, daß er ihm noch weitere fünf Minuten geben würde. Unter den Polizisten verbreitete sich allmählich Unruhe, aber bevor ihnen ein Licht aufging, spazierte mein Anwalt herein. Er entschuldigte sich beim Gericht für die Verspätung und die Verhandlung konnte beginnen.

Mein Anwalt gab mir einen Wink, da wußte ich, daß sich die Steine in Sicherheit befanden. Sie steckten in seiner Tasche. Er hatte gewartet, bis sich alle, die mit meinem Fall zu tun hatten, im Gericht befanden und er sicher sein konnte, daß ihn niemand beobachten würde. Dann zog er los und holte die Juwelen. Die Polizei hat sie nie bekommen. Aber auch ich habe einige der Steine nie wiedergesehen. Mein Anwalt hat sie sich unter den Nagel gerissen. Aber das geht schon in Ordnung. Er war ein guter Anwalt und hat sein Bestes getan, um mich da rauszuholen.

Er hätte es auch geschafft, wenn die Polizei nicht diese Falschaussagen gegen uns gedeichselt hätte. Das war mein Verhängnis. Ich bekam acht Jahre in Folsom. Johnson wurde wieder auf freien Fuß gesetzt. Sie waren damit zufrieden, mich überführt zu haben. Es hat mich wirklich verwirrt, wie die Sache ausgegangen war. Jeder, der drüber nachdenkt, wird verwirrt sein.

Alle, die in den Fall verwickelt waren, hatten sich einer schweren Straftat schuldig gemacht. Der erste Richter hat sich bestechen lassen. Die Polizei hat mich gelinkt. Die Zeugen haben Meineide geschworen. Der zweite Richter war so verflucht rechtschaffen, daß er seelenruhig dabei zugesehen hat, wie mich alle reingelegt haben. Mein Anwalt hat Diebesgut in Empfang genommen und einen Teil davon in die eigene Tasche gesteckt. Selbst die Vereinigung der Juweliere hat die Polizei um die Belohnung gebracht. Der einzige anständige Mensch in diesem Fall war der Mann, den ich beraubt hatte. Er bekam gar nichts, und ich bekam acht Jahre.

Während ich noch im Bezirksgefängnis darauf wartete, nach Folsom verlegt zu werden, erfuhr ich, wie es der Frau ergangen war, die unter Meineid gegen mich ausgesagt hatte. Natürlich hegte ich einen Groll gegen diese Frau.[3] Für die Polizei und die Gerichte ist es normal, daß sie den Leuten Sachen anhängen, das ist ihr Job. Wenn sie es nicht täten, würden sie nicht einmal die Hälfte der Angeklagten verurteilen.

Das gehört alles zum Spiel. Du versuchst, sie reinzulegen, und wenn es dir nicht gelingt, haben sie die Runde gewonnen. Ich bin nie besonders nachtragend gewesen, wenn sie gewonnen haben. Aber wenn eine Komplizin, mit der du deinen Gewinn geteilt hast und die angeblich deine Freundin war, dir dann in den Rücken fällt, wenn du es am wenigsten erwartest und dich deinen Feinden ausliefert – das ist eine Sache, die man nur schwer verzeihen kann. Im Gefängnis lag ich nächtelang wach und schmiedete Pläne, diese Frau zu jagen und mit ihr abzurechnen, wenn ich erst wieder draußen wäre, und wenn es hundert Jahre dauern sollte. Aber eines Tages kam mich jemand besuchen, der mir einen Brief übergab. Da erfuhr ich, daß es nichts mehr mit ihr abzurechnen gab.

Nach ihrer Zeugenaussage war sie von der Polizei wieder zurück nach Kanada geschickt worden. All ihre Freunde wandten sich von ihr ab. Weder die Frauen noch die Männer der Unterwelt wollten noch etwas mit ihr zu tun haben. Sie wußten, was sie mir angetan hatte. Sie machten ihr das Leben schwer. Sie hatte keinen ruhigen Augenblick mehr, nicht einmal in ihrem eigenem Etablissement. Schließlich ist sie nach Alaska gegangen. Das habe ich aus dem Brief erfahren.

Eines Nachts sind offenbar drei Männer bei ihr eingedrungen, um sie auszurauben. Einem von ihnen hatte ich vor Jahren mal einen Gefallen getan. Sie fesselten sie in einem Hinterzimmer, schnappten sich ihr Geld, 1.500 Dollar, und wollten wieder abhauen. Aber als sie draußen waren, erinnerte sich dieser Mann daran, was sie getan hatte. Alle wußten es. Er blieb stehen und sagte: »Ich geh nochmal zurück und bring diese Frau um.« Also ging er hin und schnitt ihr die Kehle durch.

Als er wieder rauskam, sagte er: »Das Geld wird durch vier geteilt. Black sitzt im Knast und kann es gut gebrauchen.« Niemand hatte etwas dagegen einzuwenden. Sie zogen ihre Unkosten für das Dampfboot und anderes von den 1.500 Dollar ab, teilten die restliche Summe durch vier und schickten mir meinen Anteil. Im Brief befand sich eine Geldanweisung über mehr als dreihundert Dollar.

Von diesem Bekannten habe ich nie wieder etwas gehört. Er dachte wohl, er hätte sein Leben in meine Hände gegeben, und je weniger ich über ihn wußte, desto besser. Die Polizei in Alaska hat mich sofort wegen des Mordes verdächtigt. Sie wußten, wer sie war und was sie getan hatte. Sie wollten mich verhaften lassen. Nur die Tatsache, daß ich bereits im Knast saß, bewahrte mich davor, wegen dieser Sache angeklagt zu werden. Denn ich hatte ja ein Alibi, ein Knastalibi, das einzige Alibi, das wirklich etwas taugt.

Ich ging also ohne irgendeinen Groll nach Folsom. Dieser Frau war Gerechtigkeit widerfahren, bevor ich Gelegenheit hatte, selbst etwas in der Sache zu unternehmen. Vor mir lagen jetzt acht Jahre in Folsom und ich versuchte, auf mein Leben danach vorauszuschauen.

An dem Morgen, als es nach Folsom gehen sollte, kam der Anwalt, der für uns am ersten Gericht die Sache mit dem Geld geregelt hatte, bei mir vorbei. Er wußte, daß ich nur noch eine Uhr samt Kette besaß, die unten im Büro lag. Er sagte: »Du hast da noch diese Uhr. Die kannst du in Folsom eh nicht gebrauchen. Gib sie mir, und ich werde dir dort einen guten Job beschaffen, eine Stelle in der Küche, wo du genug zu essen bekommst.«

Ich sagte ihm, er solle sich zur Hölle scheren. Er meinte: »Na gut, aber wenn du in Folsom bist und siehst, wie es dort zugeht, dann denk dran, daß ich dort Beziehungen habe und gern diese Uhr hätte.«

5. Meine Ankunft in Folsom

Auf dem Weg nach Folsom dachte ich darüber nach, ein geregeltes Leben anzufangen, nachdem ich meine Strafe abgesessen hätte. Es war ohnehin Zeit, mit dem Stehlen aufzuhören, wenn ich nur irgend etwas anderes fand, was ich tun konnte. Ich hatte ja vorgehabt, mit meinem Geld einen Saloon zu eröffnen. Das hatte sich inzwischen erledigt. Alles Geld war für die Anwälte draufgegangen.

Dennoch wollte ich die Sache überdenken, und wenn es gut für mich lief, wenn ich wieder rauskam, würde ich aussteigen. Alle Ganoven spielen mit diesem Gedanken, nachdem sie einige Jahre gestohlen haben. Sie suchen nach einer Möglichkeit, auszusteigen, so wie jeder normale Mensch mit der Arbeit aufhören und in den Ruhestand gehen möchte, wenn sich ihm eine gute Gelegenheit bietet und er das Geld dafür hat.

So ging ich, ohne eine feste Entscheidung getroffen zu haben, nach Folsom. Bei den acht Jahren, die vor mir lagen, machte es keinen Sinn, irgendwelche Pläne zu schmieden. Zog man den Bonus für gute Führung ab, blieben immer noch fünf Jahre und vier Monate. Ich rechnete damit, nach dieser Zeit rauszukommen. Ich wußte damals noch nicht, was mich erwartete.

An diesem Morgen trafen mit mir noch zwei weitere Häftlinge ein. Wir drei gingen ins Büro, wo wir Angaben zu unserer Person machten: Name, Geburtsort, Beruf, Alter und so weiter. Dann wurden wir dem Captain der Wachmannschaft übergeben, der uns einer Arbeit zuteilen sollte. Damals war Richard Murphy Captain. Die Männer nannten ihn *Dirty Dick*. Seine Methode bestand darin, jeden Häftling von der ersten Minute an zu schikanieren und einzuschüchtern. Er machte sich alle Männer sofort zu Feinden.

Als wir vor ihn traten, fragte er: »Wo kommt ihr her?«

Ich sagte: »Aus San Francisco.«

»Wie lange hast du in San Quentin gesessen?«

»War nie in San Quentin.«

»In welchem Zuchthaus dann?«

»Hab' noch nie im Zuchthaus gesessen.«

»Nie? Was du nicht sagst. Du bist ein Lügner. Du kannst mir nichts vormachen. Ich werde alles über dich rausfinden. Nimmst du Opium?«

»Nein«, antwortete ich.

Natürlich habe ich Opium genommen. Ich war gerade dabei gewesen, damit aufzuhören, als ich nach Folsom kam.

Er nannte mich wieder einen Lügner. »Komm her, Shorty«, rief er einem Kalfaktor zu, »bring diesen Burschen zum Steinbruch[4]. Aber filz ihn vorher, und wenn du was findest, was dir gefällt, kannst du es behalten.«

Ich war bereits durchsucht worden und besaß nur noch ein Taschentuch und eine Pfeife.

Zu Murphys Mißfallen sagte ich: »Kein Gefangener wird irgend etwas behalten, was mir gehört.«

Ich weiß nicht mehr, was er darauf erwidert hat. Auf jeden Fall ließ er mich stehen und nahm sich den nächsten vor.

»Wo kommst du her?«

»Sacramento.«

»Wie lange mußt du sitzen?«

»Zehn Jahre.«

»Wofür?«

»Schwerer Diebstahl.«

»Was für'n Diebstahl?«

Der kleine Kalfaktor trat vor und sagte: »Taschendiebstahl, Captain.« Da gab der Häftling zu, Taschendieb zu sein.

»Wie heißt du?«

Er sagte, er heiße Jimmie Brown.

»Wo kommst du her?«

Er sagte, er sei aus Chicago.

»So, du kommst also aus Chicago? Wie nennst du dich? Was ist dein Spitzname?«

Wieder trat der Kalfaktor vor und sagte: »Chi Jimmie, Captain.«

»Chi Jimmie, was? Langfinger, was? Du kommst an den Steinbrecher. Wirst dir wohl ein paar deiner langen Finger zerquetschen, bevor du wieder rauskommst.«

Was sicher auch passieren würde. Das war Murphys Art von Humor. Der dritte Häftling wurde dem gleichen Verhör unterzogen. Dann schickte Murphy auch ihn weg. »An den Steinbrecher mit ihm.«

Damals war es den Gefangenen erlaubt, zu den gestreiften Hemden und Hosen ihre eigenen Jacken, Hüte und Westen zu tragen. Als dieser dritte Mann wegging, bemerkte Murphy, daß er einen guten Hut aufhatte. Er rief ihn zurück, nahm ihm den Hut ab, warf ihn dem Kalfaktor zu und sagte: »Hier haste einen Hut. Der ist zu gut für diesen Typen. Nimm ihn und trag ihn, wenn er dir paßt. Wenn nicht, gib ihn einfach weiter.«

Der Captain hatte sich drei Feinde gemacht. So verstand er seine Arbeit. Er empfing alle auf diese Art. Wenn jemand bei dieser Behandlung aufsässig wurde, ließ er ihn erst einmal dreißig Tage in den Kerker werfen, damit er sich ›beruhigen‹ konnte. Der Kerker war eine leere Zelle nur mit einer Decke auf dem Boden. Dort war man von allem abgeschnitten. Der Captain bestimmte die Länge der Strafe und ließ dem Eingekerkerten alle drei oder fünf Tage eine Mahlzeit geben. Also füllte sich der Häftling alle drei Tage mit Bohnen ab und kam von Blähungen zerschossen wieder raus.

6. Vorzeitige Haftentlassung existierte nur auf dem Papier

Ich war zur Arbeit im Steinbruch eingeteilt. Dort wurden Grabsteine hergestellt. Wir brachen sie mit Hammer und Meißel so sorgfältig wie möglich raus und polierten sie dann von Hand mit Sand und einem schweren Eisenteil. Wenn du ein Stück Granit lange genug mit Sand bearbeitest, kannst du es ganz schön glatt bekommen.

Wenn ich nicht wegen guter Führung Bonuspunkte sammeln konnte, standen mir acht Jahre mit dieser Arbeit bevor. Aber schon bald fand ich heraus, wie schwer es war, diese Punkte nicht wieder zu verlieren. Ich dachte, ich hätte ein hartes Urteil bekommen, aber ich stellte fest, daß dort neunhundert Häftlinge im Durchschnitt zwölf Jahre absitzen mußten.

Das Gesetz zur vorzeitigen Haftentlassung existierte nur auf dem Papier. Es stand zwar im Gesetzbuch, in der gleichen Form wie heute, aber es war unwirksam. Vielleicht kam mal zu Weihnachten oder am vierten Juli, dem amerikanischen Unabhängigkeitstag, irgendjemand frei, aber auch nur, wenn er über Beziehungen verfügte. Die Männer setzten jedenfalls keine großen Hoffnungen darauf.

Und noch schlimmer: Wegen jeder Disziplinlosigkeit, die draußen nicht einmal ein Bagatelldelikt darstellen würde, konnte einem der erarbeitete Bonus für gute Führung jederzeit wieder gestrichen werden. Wenn man zum Beispiel nicht hart genug arbeitete, in eine Schlägerei geriet oder versuchte, einen Brief an Freunde rauszuschmuggeln. Es lastet wie ein steter Alptraum auf dir, wenn du weißt, daß du nur noch ein paar Monate abzusitzen hättest, und dann deinen Bonus für irgendeine Nichtigkeit entzogen bekommst und noch fünf oder zehn weitere Jahre einsitzen mußt.

Diese Bonuspunkte wurden *Kredit* genannt, und wenn man ihn verlor, nannte man es *den Kredit verspielen.* Ich stellte fest, daß alle, die bereits zum zweiten Male saßen und sich auskannten, die wußten, wie gering die Chance auf vorzeitige Entlassung war, absichtlich *ihren Kredit verspielten.* Dann fühlten sie sich frei, zu tun, was sie wollten und konnten Fluchtpläne schmieden, wann immer sich die Möglichkeit dazu bot.

Wurde einer mit Opium erwischt, war sein Bonus natürlich sofort futsch. Und damals nahm fast jeder Häftling Opium. Es war das gängige Tauschmittel im Gefängnis und wurde mehr geschätzt als Geld. Wenn einer Opium besaß, dann verfügte er über Macht, Einfluß und Reichtum. Opium war das Beste, was man haben konnte. Es gab Mut und Hoffnung und ließ einen vergessen, wo man war. Es bedeutete Wärme und Nahrung.

Die Männer waren immer hungrig. Ihre Gedanken kreisten den ganzen Tag um Nahrung. Es gab genug Bohnen, aber sie waren nicht gar gekocht und daher nicht eßbar. Nur Bohnen in Wasser, ohne alles, halb roh, ungewürzt, ekelerregend. Also aßen die Männer Katzen. Sie töteten die Katzen und brieten sie dort, wo sie arbeiteten, in der Schmiede über dem Feuer. Auch ich habe in Folsom Katzen gegessen. Ihr Fleisch ist zäh und sehnig, ähnlich wie bei einem Erdhörnchen, aber sehniger. Die Männer kochten alles, was kreuchte und fleuchte und was sie in die Finger kriegen konnten. Bei Vögeln hatten sie keine Chance, aber sie erwischten Eichhörnchen, Katzen und Erdhörnchen.

Zum Frühstück gab es Maisbrei und Kaffee. Und immer Bohnen, zu jeder Mahlzeit. Wenn du den Maisbrei nicht runter kriegtest, konntest du die Bohnen essen, und umgekehrt. Zweimal die Woche bekam man ein kleines Stück Steak. Mittags gab es Eintopf, Bohnen und Kartoffeln. Zum Abendbrot wurden Bohnen, Brot und Tee aufgetischt. Manchmal auch wurmstichige Pflaumen. So gingen die Männer hungrig zu Bett, rauchten etwas Opium und schliefen ein. Am Morgen wachten sie hungrig auf, rauchten noch mehr Opium und gingen zur Arbeit.

Ich hatte ein wenig Stoff reingeschmuggelt, aber nicht genug, um ganz davon runterzukommen, nicht genug, um clean zu werden. Denn man benötigt einige Monate, um die Sucht zu überwinden. Man muß die Dosis ganz allmählich verringern. Deswegen hatte ich mir etwas von dem Zeug mitgebracht, um es langsam abzusetzen.

Im Bezirksgefängnis besaß ich eine gute Pfeife, eine Tabakspfeife. Wenn man eine Pfeife lange genug geraucht hatte, bildete die Asche darin eine Kruste. Ich hatte diesen verkohlten Rand rausgekratzt und das Holz der Pfeife so dünn wie möglich ausgeschabt. Dann nahm ich das Opium und klebte es in die Pfeife, bis sie wieder wie vorher aussah. Dann schmierte ich noch etwas Tabakasche drüber, damit es ganz natürlich wirkte. Auf diesem Weg schmuggelte ich etwa dreißig Gran Opium rein. Shorty, der Kalfaktor, der mich durchsucht hatte, gab mir die Pfeife zurück, weil er sie nicht gebrauchen konnte.

Als ich nach Folsom kam, hatte ich also schon vorgehabt, aufzuhören. Aber hier nahmen alle Opium. Es gab nicht genug zu essen. Die Kälte setzte einem zu. Aber ich war noch immer entschlossen, davon runterzukommen. Als das Opium dann alle war, ging ich zum Doktor, um mir ein Tonikum geben zu lassen. Vor dem Zimmer des Doktors stand eine Schlange von Häftlingen, die auf ihre Behandlung warteten. Als ich an die Reihe kam, fragte mich der Doktor:

»Na, was fehlt uns denn?«

»Ich weiß nicht, was mit mir los ist, Doc.«

»Du weißt es nicht? Dann verschwinde und komm erst wieder, wenn du weißt, was dir fehlt. Gebt ihm 'ne Dosis Bittersalz[5].«

Er ging zum nächsten Patienten. Ich wartete derweil auf das Salz, das man dort auf der Stelle schlucken mußte. Wenn man sich weigerte, warfen sie einen in den Kerker. Während ich also wartete, fragte der Doktor den nächsten:

»Na, was fehlt uns denn?«

Ich weiß nicht, ob er gehört hatte, wie es mir ergangen war, aber er sagte:

»Ich habe Rheuma, Doc.«

»Woher zur Hölle willst du wissen, daß du Rheuma hast? Ich bin hier der Doktor. Dir fehlt gar nichts. Gebt dem Burschen 'ne Dosis Bittersalz.«

Sie nannten den Arzt ›die tödliche Mikrobe‹. Niemand wurde jemals in ein Krankenhaus gebracht, es sei denn er war verletzt, verkrüppelt oder hatte gebrochene Knochen. Niemand hat jemals eine andere Behandlung außer mit Bittersalz erhalten, aber die Männer stellten sich weiterhin in der Schlange an, in der Hoffnung, irgendeine Medizin zu bekommen.

Gut, ich war also genauso weit wie zuvor. Ich ging raus und begann, Opium zu schnorren. Ich bekam genug von meinem Freunden, um die Dosis soweit zu reduzieren, daß ich ganz aufhören konnte. Und ich habe aufgehört. Eine ganze Weile hielt ich es ohne aus. Aber dann kam der Winter und die Kälte, und mit meiner Lebenskraft ging es genauso bergab wie mit den Essensrationen. Ich erkannte, daß man an diesem

Ort ohne Opium nicht existieren konnte. Es war wertvoller als Geld. Es war das einzige, womit man Klamotten kaufen konnte. Wenn man kein Opium besaß, bekam man keine Kleidung, die einen wärmte. Es sei denn, man verfügte über gute Beziehungen, um an einen guten Job zu kommen, wo man Kleidung und Essen erhielt.

Ich nahm also das Opium von meinen Freunden und begann, Pläne zu schmieden, wie ich noch mehr von draußen reinschmuggeln konnte.

7. Das Spitzelsystem im Knast

Ein Mann mußte sich entscheiden: Er konnte sich den Wärtern nützlich machen und erhielt dafür Privilegien und Essen, oder er konnte mit Opium dealen, um sich Essen zu beschaffen, ansonsten mußte er hungern.

Die Häftlinge ließen sich grob in zwei Gruppen einteilen. Die einen hielten sich an die Wärter, halfen ihnen bei der täglichen Arbeit, bespitzelten ihre Mithäftlinge und schwärzten sie an. Die besten Handlanger und die eifrigsten Spitzel bekamen die größten und dicksten Beefsteaks.

Die andere Sorte arbeitete gegen die Wärter und ihre Handlanger, dealte mit Opium, und kaufte sich vom Gewinn Beefsteaks und Zucker, die aus den Speisekammern vom Direktor und Captain entwendet wurden, oder aus der Kantine der Wärter.

Zwischen diesen beiden gab es noch eine weitere, aber kleinere Gruppe, die weder für den Captain arbeitete noch mit Opium dealte. Das waren eigentlich diejenigen Häftlinge, die sich am besten benahmen, aber sie wurden zwischen den beiden stärkeren Gruppen zerrieben. Sie aßen, was in der Kantine der Häftlinge für sie übrig blieb und trugen die geflickten Klamotten der anderen. Sie gingen unter der Behandlung kaputt und litten.

Opium war besser als Geld. Es bedeutete Macht und Einfluß, Nahrung und Wärme. Es nahm den Platz des Geldes ein. Man mußte entweder mit Opium dealen oder für den Captain arbeiten.

Ein Gefängnisdirektor aus den Oststaaten, der mal zu Besuch war, wunderte sich, daß es um das Gefängnis herum keine hohe Mauer gab und fragte den Captain, wie er es schaffte, die Häftlinge an der Flucht zu hindern. Murphy antwortete stolz: »Das ist einfach. Ich lasse die eine Hälfte der Bande auf die andere aufpassen.«

Er meinte damit, daß er ein System von Spitzeln, Zuträgern und Spionen unterhielt, das ihn über alle Bewegungen jedes einzelnen auf dem laufenden hielt. Die Häftlinge, die unter den Bedingungen dort schwach wurden und sich für Essen und Kleidung verkauften, wurden gut behandelt. Sie besaßen warme Kleidung, die anderen weggenommen worden war, und sie bekamen gutes Essen. Sie aßen es vor unseren Augen in der Kantine.

Es ist hart, ständig halb verhungert zu sein und zu frieren und zusehen zu müssen, wie ein anderer, wohlgenährt und warm gekleidet, gute Porterhousesteaks verschlingt, während du nichts als Bohnen bekommst. Das führte zu Verbitterung. Es vergiftete unsere Seelen. Wir haßten alles und jeden, der nicht so schlecht dran war wie wir.

Damals war es außerhalb des Gefängnisses nicht verboten, Opium zu besitzen. Wurde man jedoch im Knast damit erwischt, erhielt man nicht nur eine Strafe, sondern man bekam auch noch den Bonus für gute Führung gestrichen, was einer zusätzlichen Strafe von einigen Jahren entsprach.

Trotzdem war das Gefängnis voll mit Opium. Neunzig Prozent der Männer dealten damit und vierzig Prozent nahmen es, selbst die Leute des Captains. Sie trieben natürlich auch ein falsches Spiel mit dem Captain, stahlen ihm seine Geheimnisse und verkauften sie gegen Opium an uns. Sie stahlen alles, was sie in den Quartieren der Wärter zu fassen kriegten, seien es Socken oder Taschentücher, und verkauften das Zeug an uns.

Ich selbst habe anfangs in Folsom nicht mit Opium gedealt. Nachdem ich meine Sucht losgeworden war, hat es noch ein Jahr gedauert, dann waren meine Lebensgeister und Hoffnung so auf den Hund gekommen, daß ich bereit war, mich auf Derartiges einzulassen. Ich spielte noch immer mit dem Gedanken, nach meiner Entlassung anständig zu werden, und ich wollte meinen Bonus nicht verlieren. Aber ich wollte mich auch sattessen. Und allmählich verlor ich jegliche Hoffnung. Wie alle dort.

Ich saß schon einige Monate in Folsom, als wir erfuhren, daß Mrs. Booth[6] im Gefängnis einen Vortrag halten würde. Die Nachricht verbreitete sich ungefähr eine Woche vor ihrem Kommen wie ein Lauffeuer unter den Häftlingen. Wir setzten alle große Hoffnungen auf sie. Wir wußten, daß sie in den Oststaaten viel Gutes getan hatte. Sie war eine der ersten gewesen, die sich für Gefängnisreformen eingesetzt hatte, und die Häftlinge mochten sie.

Sie besaß in den Oststaaten eine Einrichtung, einen kleinen Betrieb oder eine Farm, wo sie entlassenen Gefangenen Arbeit gab. Der Gouverneur von New York überstellte ihr jedes Jahr eine gewisse Anzahl vorzeitig entlassener Häftlinge, und sie half ihnen dabei, einen Neuanfang zu machen. Wir wußten davon. Und es hieß, daß sie vom Gouverneur von Kalifornien die Genehmigung bekommen hatte, bei uns einen Vortrag zu halten.

Viele der Männer nahmen sich vor, mit ihr zu sprechen, wenn sie da war. Eine Woche lang wurde im Hof und auf den Fluren von nichts anderem geredet. Dann traf sie eines Sonntags ein und bat den Direktor um die Erlaubnis, zu uns zu sprechen.

Damals war Charles Aull Direktor. Er war früher mal Detektiv bei Wells Fargo gewesen und hatte es in San Quentin als Captain der Wachmannschaft zu einiger Bekanntheit gebracht. Mir war zu Ohren gekommen, daß er sich vor allem durch Härte und Grausamkeit hervorgetan hatte. Dadurch war die Gefängnisverwaltung auf ihn aufmerksam geworden und hat ihn zum Direktor in Folsom gemacht. Seine Vorstellung davon, wie man Gefangene behandeln sollte, war nicht gerade neu. Er verfolgte die gleiche Linie wie seine Vorgänger. Er war ebenso sehr ein Geschöpf des Strafvollzugsystems wie die Gefangenen.

Er teilte Mrs. Booth mit, daß es zwecklos sei, mit uns zu reden, weil wir alle Verbrecher seien, vom Tag unserer Geburt bis zum Tag unserer Beerdigung, und je eher wir unter die Erde kämen, desto besser. Das erfuhren wir später von den Leuten aus seinem Büro. Er begleitete sie nicht einmal in die Kantine, wo sie den Vortrag halten sollte.

Sie mußte in der Kantine sprechen, denn es war der einzige Raum, der groß genug für alle war, die sie hören wollten. Es gab in Folsom zwar auch eine Kapelle, wo jeden Sonntag ein Gottesdienst stattfand, aber die war viel zu klein. Es gingen auch nur ganz wenige dorthin. Der Prediger drohte uns immer mit dem Höllenfeuer und sagte, wir müßten den Wärtern gehorchen. Aber Mrs. Booth wollten alle hören.

Der Speisesaal war gerammelt voll. Mrs. Booth stand auf einer kleinen Plattform und hielt ihren Vortrag. Wir mochten sie alle. Als sie geendet hatte, versuchten viele, zu ihr zu gehen und ihr zu danken. Aber kaum war ihr letztes Wort verklungen, als die Männer vom Direktor sie auch schon wegführten. Sie wurde durch die Küche rausgeschleust, so schnell, daß kein Gefangener die Gelegenheit bekam, sie anzusprechen, oder ihr auch nur für ihre freundlichen Worte zu danken.

Im Osten hat sie gute Arbeit geleistet. Aull wußte das offenbar. Er dachte wohl, daß es am besten sei, Mrs. Booth auf jeden Fall daran zu hindern, ihre törichten Ideen weiterzuverbreiten, zumindest in seinem Gefängnis. Er wollte nicht, daß so etwas in Folsom Schule machte.

Er hat es auch tatsächlich geschafft, sie zu entmutigen. Sie ist nie wieder gekommen.

8. Freude über den Tod von Direktor Aull

Der Besuch von Mrs. Booth war, als zeige man verhungernden Männern Essen und nähme es dann wieder weg. Die Verbitterung im Gefängnis wurde immer größer. Bald darauf starb Direktor Aull. Als sich die Nachricht seines Todes verbreitete, kam es fast zum Aufruhr. Viele der älteren Häftlinge, die seit Jahren unter seiner Herrschaft gelitten hatten, warfen ihre Hüte in die Luft und stießen Freudenschreie aus. Ich weiß, daß ein solches Verhalten den Leuten draußen seltsam vorkommt. Aber diese Männer waren viele Jahre hilflos entwürdigenden Übergriffen ausgesetzt gewesen. Das hatte sich in ihnen aufgestaut.

Es liegt in der menschlichen Natur, sich gegen Kränkungen zu wehren. Wenn dich jemand schlägt, dann ist dir nicht danach, ihm einen Gefallen zu tun. Du willst zurückschlagen. Wenn du hilflos bist, wenn du nicht zurückschlagen kannst, wenn du weißt, daß er dich jederzeit wieder schlagen kann und es auch tun wird, dann wächst deine Empörung immer mehr und vergiftet deine Seele. Du beginnst den Mann zu hassen. So haßten die Häftlinge in Folsom Aull mit glühendem Eifer, und als er starb, brachen sie in Jubel aus.

Dann übernahm Wilkinson seine Stelle. Er kam ebenfalls aus San Quentin. Unter seiner Führung wurden die Zustände noch schlimmer. Er war eine Marionette von Murphy, der unter Aull Captain gewesen war. Die Grausamkeiten nahmen eher noch zu, als daß sie weniger wurden.

Obwohl die Verpflegung ohnehin schon schlecht gewesen war, schränkte er sie noch weiter ein. Er gab noch schäbigere Kleidung aus und erhöhte das Arbeitspensum. Ganz offensichtlich wurde er einerseits vom Rat der Gefängnisdirektoren angespornt, der der Meinung war, daß Folsom nicht wirtschaftlich genug betrieben wurde, und andererseits durch Murphys Einflüsterungen. Murphy arbeitete seit zwanzig Jahren mit Gefangenen, und er war überzeugt, er wisse, wie man mit ihnen umspringen müsse. Er glaubte, seine Methode sei die einzig brauchbare.

So übel er auch mit uns umsprang, mußte Murphy doch ein guter Vater und Ehemann sein, denn seine Frau war ihm sehr zugetan, und sie war eine Seele von Mensch. Sie lebten in einer der Baracken für die Wärter, und sie kümmerte sich um die Gefangenen, wann immer sie konnte. Sie gab ihnen zu essen und warme Kleidung.

Ich selbst habe sie nie gesehen, aber alle Häftlinge, die in der Nähe der Baracken zu tun hatten, versuchten, zu ihr zu kommen. Alle Männer in Folsom bewunderten und verehrten sie. Murphy mußte also auch seine guten Seiten besitzen, sonst hätte er nicht eine solche Frau haben können.

Aber von diesen guten Seiten bekamen wir nichts zu Gesicht. Er glaubte an sein System. Es war sein ganzer Stolz. Zwanzig Jahre lang hatte er Wärter ausgebildet und das Gefängnis mit Spitzeln bevölkert, und dann wandte sich alles gegen ihn und ließ ihn letztlich scheitern.

Unter Wilkinson begannen die Männer endgültig zu verzweifeln. Sie verzweifelten, weil sie keine Hoffnung mehr hatten. Es bestand keine Hoffnung auf Begnadigung, kaum Hoffnung auf vorzeitige Haftentlassung, nichts, auf das sich zu hoffen lohnte. Eher würde ein Sünder aus der Hölle entlassen als ein Sträfling aus dem Knast.

Wir waren überall von Spitzeln umzingelt, die uns zum Wahnsinn trieben. Wie ein Schwarm Mücken piesackten sie uns die ganze Zeit, und wir konnten nichts dagegen tun. Man konnte kein Stückchen Brot stibitzen und es in seiner Jacke verstauen, ohne sich nach allen Seiten umzuschauen, ob nicht einer von ihnen rumspionierte. Bekam ein Spitzel so etwas mit, lief er sofort zum Captain, um es ihm brühwarm aufzutischen, und dann wurde man bestraft.

Den Spitzeln war nicht beizukommen, sie ließen sich nicht abschütteln. Die Männer schmiedeten Pläne, wie sie Steine auf die Spitzel fallen lassen konnten, um sie zu verkrüppeln. Viele der Unfälle, die sich im Steinbruch ereigneten, waren alles andere als Unfälle. Es wurde ganz normal, daß sich jemand hinter einen der Spitzel stellte, ihm ein Stück Eisenrohr über den Kopf zog und ihn kalt machte.

Hunderte von Männern, die in ihrem ganzen Leben noch nicht gewalttätig gewesen waren, fingen an, Mordpläne auszuhecken. Sie würden einen Spitzel ebenso selbstverständlich töten, wie ein Mann in Freiheit eine Schlange tötete, und zwar eine Schlange, die ihn gebissen hatte und wieder zuschnappen würde.

Ein Wärter tut seine Arbeit. Wenn er einen der Männer schikaniert, macht er es, um seine Pflicht zu erfüllen, oder was er dafür hält. Aber zu sehen, daß Menschen, denen es ebenso dreckig geht wie einem selbst, zu diesen Wärtern laufen, die dir das Leben schwer machen, und dich verraten, um sich Vorteile zu verschaffen, indem sie andere noch tiefer ins Elend stoßen – das fraß den Männer wie Säure an den Seelen. Sie schlossen sich enger zusammen, um gemeinsame Sache gegen die Wärter zu machen.

Das war die Atmosphäre, in der Oppenheimer seinen ersten Mord beging. Bis zu diesem Zeitpunkt hatte er im Gefängnis keinerlei Schwierigkeiten gehabt. Er saß fünfzig Jahre wegen Raubes, also praktisch lebenslänglich.

Ross hieß der Mann, der zusammen mit Oppenheimer wegen gemeinsam begangenen Raubes verhaftet worden war. Er hatte die Informationen geliefert, die zu ihrer Verurteilung führten. Weil er Oppenheimer an die Polizei ausgeliefert hatte, kam er mit einer geringeren Strafe davon.

Als er in Folsom eintraf, schlug er sich auf die Seite der Wärter und wurde zum Spitzel. In der Kolonne, die zum Essenfassen einrückte, packte Oppenheimer seinen Kumpan von hinten und schlitzte ihm mit einem Messer die Kehle auf.

Oppenheimer wurde nach Sacramento verlegt, um wegen Mordes angeklagt zu werden. Die Wärter prahlten damit, daß sie ihn aufknüpfen würden. Als sich diese Nachricht im Gefängnis verbreitete, taten sich Oppenheimers Freunde zusammen, um ihm zu helfen, wenn es irgend möglich wäre. Und sie heckten einen Plan aus, der ihm tatsächlich das Leben rettete.

Da gab es einen ruhigen und anständigen Burschen, der nie irgendwelche Schwierigkeiten im Gefängnis hatte. Er war natürlich auf Oppenheimers Seite und bereit, alles für ihn zu tun, auch wenn es ihm später Ärger einbringen sollte. Oppenheimers Anwalt ließ ihn als Zeugen vorladen, und bevor er nach Sacramento fuhr, um auszusagen, wurde in Folsom alles genau abgesprochen.

9. Wie Oppenheimer vorm Galgen bewahrt wurde

Dieser Mann, der nach Sacramento fuhr, um Oppenheimer, wenn möglich, zu retten, war ein Lebenslänglicher. Für ihn gab es keine Hoffnung, je aus Folsom entlassen zu werden. Und er wußte, daß er sich durch sein Tun die ewige Feindschaft der Wärter zuziehen würde. Er tat es dennoch bereitwillig. Er war zwar kein enger Freund von Oppenheimer, hatte aber gelernt, Männer vom Schlage eines Ross zu hassen und für denjenigen Sympathie zu empfinden, der ihn getötet hat.

Er war Oppenheimers einziger Zeuge. Für die Staatsanwaltschaft war die Sache klar und Oppenheimer hing praktisch schon am Galgen, als der Mann in den Zeugenstand trat. Oppenheimers Anwalt fragte ihn, ob er den Mord gesehen hätte. Er sagte ja, denn er habe in der Kolonne direkt hinter Oppenheimer gestanden, als es geschah. Zuerst kam Ross, der von Oppenheimer getötet worden war, dann Oppenheimer, und dann der Zeuge selbst.

Der Anwalt bat ihn, zu schildern, was er gesehen hat. Der Zeuge sagte: »Wir standen in der Reihe, um Essen zu fassen. Da kam es zwischen Ross und Oppenheimer zu einem Wortwechsel. Ross zog ein Messer und ging auf Oppenheimer los. Oppenheimer ergriff sein Handgelenk und hielt es fest. Dann zog er sein eigenes Messer und schlitzte Ross die Kehle auf.«

Alle wußten, daß das eine glatte Falschaussage war. Sie waren entgeistert, daß dieser Mann, ein Sträfling, der in ihrer Hand war, die Nerven besaß, in den Zeugenstand zu treten und eine solche Aussage zu machen. Sie fragten sich, was er wohl davon hätte.

Der Anwalt fragte: »Ross hatte also ein Messer? Was ist aus dem Messer geworden?«

Jetzt zeigte sich, wie schlau der Plan ausgedacht war. Der Zeuge erwiderte: »Ross hat es zu Boden fallen lassen, als er getötet wurde. In der Aufregung habe ich es aufgehoben und in mein Hemd gesteckt. Nachdem wir aus der Kantine zurück zum Steinbruch gingen, habe ich es in einen Haufen Steine geworfen.« Das Gericht geriet in helle Aufregung.

Nun hatten sich die Jungs, die sich diese hübsche Falschaussage ausgedacht hatten, ein rostiges, altes Messer besorgt, sechs Zoll lang, das richtig gefährlich aussah. Es war so verrostet, als hätte es seit dem Mord, der ein paar Monate her war, im Freien gelegen. An dem Tag, als ihr Zeuge nach Sacramento fuhr, haben sie dieses Messer unter einem Steinhaufen versteckt, den sie sich zuvor ausgeguckt hatten.

Der Anwalt fragte: »Glauben Sie, daß das Messer noch immer dort ist? Könnten Sie es wiederfinden?«

Der Zeuge antwortete natürlich: »Ich weiß nicht. Das ist schon Monate her. Ich habe seitdem nicht mehr nachgeschaut.«

Sofort stellte der Staatsanwalt den Antrag, die Verhandlung zu unterbrechen, den Zeugen nach Folsom zu begleiten und ihn das Messer suchen zu lassen.

Der Zeuge wurde also von einem Sheriff ins Gefängnis zurückgebracht. Dort ging er zum Steinhaufen, suchte eine Weile herum und zog dann das Messer hervor, das er dem Sheriff mit den Worten überreichte: »Das ist das Messer von Ross.«

Das Messer zählte natürlich als Beweisstück, und der Zeuge wurde dem Staatsanwalt zum Kreuzverhör übergeben. Jetzt kam der beste Teil der Zeugenaussage, sozusagen der Griff in die psychologische Trickkiste.

Der Zeuge verhielt sich sehr geschickt und spielte seine Rolle von Anfang bis Ende hervorragend. Er gab sich den Anschein, kein persönliches Interesse an der Sache zu haben. Als er gefragt wurde, warum er das Messer aufgehoben, versteckt und solange darüber geschwiegen habe, gab er genau die richtigen Antworten.

Er sagte, er wisse nicht, warum er das Messer aufgehoben habe, er habe es in der Aufregung instinktiv getan, fast unbewußt. Danach habe er sich deswegen Sorgen gemacht. Er wollte nicht in den Fall hineingezogen werden. Also habe er das Messer weggeworfen und niemandem etwas davon gesagt. Aber dann habe er gesehen, daß niemand Oppenheimer verteidigen wolle. Alle hätten Meineide gegen ihn geschworen und die Wärter hätten offen damit geprahlt, Oppenheimer an den Galgen zu bringen. Da habe er gewußt, daß er die Wahrheit sagen müsse.

Das brachte die Geschworenen ins Wanken. Die Wärter wußten, daß es eine glatte Falschaussage war und schrien empört auf. Aber die Geschworenen waren nicht mehr so fest davon überzeugt. Das hat Oppenheimer den Kopf gerettet. Die Geschworenen befanden ihn zwar für schuldig, sprachen sich aber für eine lebenslängliche Haftstrafe aus. Das kam einem Freispruch gleich, denn er mußte ja ohnehin noch fünfzig Jahre absitzen. Sie wollten ihm bloß das Leben retten, und das haben sie geschafft. Oppenheimer wurde nach San Quentin verlegt, wo er bei den meisten Gefangenen großen Respekt genoß. Was er getan hatte, hielten damals alle für richtig.

In San Quentin war seine Lage hoffnungslos und verzweifelt. Er wußte, daß sie ihn fertigmachen würden. Als er einen Wärter angriff und ihn beinahe umbrachte, kam er in verschärfte Einzelhaft. Wegen seiner Tat wurde ein Gesetz erlassen, auf Grund dessen er später gehängt wurde. Es sah vor, daß ein Lebenslänglicher gehängt werden konnte, wenn er einen Mithäftling oder einen Wärter angreift.

Nach Jahren der Einzelhaft konnte Oppenheimer aus der Zelle entkommen, rannte in die Kantine, schnappte sich ein Messer und verletzte in einem Handgemenge die Hand des Mannes an der Brotausgabe, der ihn aufhalten wollte. Dafür wurde Oppenheimer dann gehängt. Die Leute haben ihn einen tollwütigen Hund genannt. Aber er war nur ein Geschöpf der Mißstände im Strafvollzug. Heute kann in den kalifornischen Gefängnissen kein Jakey Oppenheimer mehr heranwachsen.

Damals haben alle Häftlinge in Folsom gejubelt, weil er durch die Falschaussage gerettet worden war. Die Wärter waren wütend und ließen ihren Zorn an uns aus, besonders an dem falschen Zeugen. Er kam für jede Kleinigkeit sofort in den Kerker. Die Feindschaft zwischen Häftlingen und Wärtern wurde immer schärfer und erbitterter.

10. Eine Inspektion durch die Behörden

Kurz nachdem die Männer in Folsom Oppenheimer vor dem Galgen gerettet hatten, erfuhren wir, daß im Gefängnis eine Inspektion durchgeführt werden sollte. Solche Inspektionen fanden regelmäßig statt, immer, wenn die gesetzgebende Versammlung zusammentrat. Als ich davon hörte, schöpfte ich Hoffnung, daß die Dinge sich bessern würden. Ich war jedoch noch neu in Folsom und kannte mich in diesen Dingen nicht aus.

Ich fragte den Mann, der neben mir arbeitete: »Was hältst du von dieser Inspektion? Glaubst du, die wird was nützen?«

Er war ein Veteran in Folsom und hatte schon viele Inspektionen miterlebt. Wir standen im Steinbruch, von wo aus wir über die Gefängnishöfe und über den Kanal hinweg auf die grünen Hügel schauen konnten. Dort drüben graste eine Kuh.

Er fragte: »Siehst du diese Kuh da drüben?«

Ich sagte ja.

»Was macht sie da?«

»Nun«, antwortete ich, »sie frißt Gras.«

»Und was wird sie wohl morgen tun?«

»Auch Gras fressen«, sagte ich.

»Genau«, erwiderte er, »stell 'ne Kuh auf die Weide, und sie wird

Gras fressen. Setz 'ne Inspektion ein, und sie wird allen Dreck untern Teppich kehren. Eine Kuh frißt Gras, eine Inspektion kehrt Dreck untern Teppich. Wart's nur ab.«

Die anderen Häftlinge, die ebenfalls Erfahrung hatten, sagten dasselbe. Also setzten wir keinerlei Hoffnung auf diese Inspektion. Aber wir waren fest entschlossen, den Wärtern und dem Direktor so viele Schwierigkeiten wie möglich zu bereiten.

Wir wußten, daß sie die Gelder, die sie für unsere Verpflegung erhielten, nicht für die gammeligen Bohnen und verfaulten Kartoffeln ausgaben, die wir bekamen. Wir wußten, daß sie uns bei jeder Gelegenheit von vorne bis hinten bestahlen. Wir wußten, daß wir nichts dagegen tun konnten, aber wir wollten ihnen wenigstens Schwierigkeiten bereiten.

Unter der Hand erfuhren wir, daß uns einer der Inspekteure wohlgesonnen war, das heißt, daß er nicht voreingenommen war und sich die Tatsachen ansehen würde. Wir verabredeten, uns an diesen Mann heranzumachen und ihm die wahren Zustände zu zeigen. Wir wollten einen Freund von draußen zu ihm schicken, der ihm sagen sollte, wen er im Gefängnis fragen sollte.

Zu der Zeit war es beinahe unmöglich, irgendeinen Brief, und sei er noch so harmlos, durch das Büro des Direktors nach draußen zu kriegen. Wenn ein Mann verdächtig war, wurde seine Post zurückgehalten und abgeheftet. Die Briefe, die er erhielt, und die, die er verschicken wollte, kamen in denselben Aktenordner und blieben dort auf unbestimmte Zeit. Die Folge war, daß Mütter und Ehefrauen draußen Blut schwitzten, weil sie nicht wußten, was mit den Männern drinnen los war, und die Männer gleichzeitig dachten, sie würden ihnen nicht schreiben, weil sie im Knast saßen.

Die Gefangenen erkannten schnell, daß man Briefe nur auf geheimen Kanälen nach draußen schmuggeln konnte. Wir bestachen Wärter, damit sie uns Briefe auszuhändigten, oder gaben sie Häftlingen mit, die entlassen wurden. Wer bei so etwas erwischt wurde, der verlor seine ganzen Bonuspunkte für gute Führung, egal, wie harmlos der Brief war, und wenn er bloß an die Großmutter gerichtet war. Das bedeutete, daß der Betreffende noch weitere Jahre absitzen mußte.

Als wir versuchten, diesem Freund draußen eine Nachricht wegen der Inspektion zukommen zu lassen, fiel ein Wärter, der für uns Briefe rausschmuggelte, in den Kanal und ertrank. Sie fischten seine Leiche raus und fanden einige Briefe von Gefangenen aus Folsom. Einer der Briefe stammte von einem Häftling, der an seinen Anwalt in Los Angeles gerichtet war. Der Gefangene wurde mit dem Brief konfrontiert und dazu verdonnert, vor dem Rat der Gefängnisdirektoren zu erscheinen, was bedeutete, daß er seinen ganzen Haftbonus verlieren würde.

Dieser Mann dealte nicht mit Opium. Er plante keinen Ausbruch. Seine Haftzeit war beinahe um, und er hatte gedacht, sich seinen Bonus durch gute Führung erhalten zu können. Aber jetzt mußte er fürchten, alles zu verlieren und war der Verzweiflung nah. Er überlegte sich also, wie er den Rat der Direktoren austricksen konnte.

Er arbeitete im Steinbruch. Am Tag, bevor der Rat zusammentrat, arbeitete er an einem Granitblock, der ungefähr fünfhundert Pfund wog. Er balancierte ihn vorsichtig auf dem Gestell, streckte sein linkes Bein darunter und ließ den Block dann los. Die Kante des Steins traf sein Bein genau an der richtigen Stelle und brach den Knochen wie einen Pfeifenstiel glatt entzwei.

Er hatte mich vorher in den Plan eingeweiht. Ich hatte versucht, ihm die Sache auszureden, aber ohne Erfolg. Also versprach ich, in der Nähe zu sein und Hilfe zu holen, um ihn aus seiner mißlichen Lage zu befreien.

Alles verlief wie geplant und er wurde auf einer Bahre in die Krankenstation getragen. Der Rat kam zusammen, besaß aber nicht die Unmenschlichkeit, ihn vom Krankenlager herbeizuzitieren. Also wurde sein Fall erneut vertagt. Als der Rat das nächste Mal zusammentrat, konnte er noch kaum auf Krücken gehen. Sein Fall wurde erneut vertagt. Noch vor der nächsten Sitzung war seine Haftzeit um und er wurde entlassen.

Als er rauskam, war er noch immer verkrüppelt, aber das störte ihn nicht. Alle anderen Häftlinge, von denen Briefe bei diesem Wärter gefunden worden waren, verloren ihren Bonus. Dennoch gingen die Gefangenen jeden Tag dieses Risiko ein und schmuggelten ständig Briefe nach draußen. Ein Mann wird fast alles riskieren, um mit seinen Freunden draußen in Kontakt zu bleiben.

Wir waren fest entschlossen, uns die Gelegenheit dieser Inspektion mit einem uns freundlich gesonnenen Inspekteur nicht entgehen zu lassen. Wir hofften, ihn beiseite zu nehmen und ihm zeigen zu können, wie die Dinge wirklich lagen. Zumindest würde er dann einen abweichenden Bericht schreiben, der dem Direktor wie ein Stachel im Fleisch säße. Also schmuggelten wir eine Nachricht an ihn hinaus, daß er sich im Gefängnis nach mir erkundigen sollte.

Wenn sich eine Inspektion ankündigte, war es üblich, daß sich der Direktor ihrer annahm. Er führte sie als Gruppe durchs Gefängnis, zeigte ihnen das Essen, das eigens dafür gekocht wurde, und ein paar Zellen, in denen die ›Musterknaben‹ saßen. Dann nahm er sie alle mit in sein Büro, wo sie zu essen und zu rauchen bekamen und so lange bleiben konnten, wie sie wollten.

Aber als die Inspekteure diesmal vor der Frühstückszeit den Gang betraten, warteten wir bereits auf sie. Ich ging zu den Leuten hin und griff mir meinen Mann. Ich sah, daß einer von ihnen unruhig war und sich vom Direktor nichts vorschreiben ließ.

»Ich will mir selbst ein Bild machen«, sagte er. »Ihr braucht euch nicht um mich zu kümmern. Ich finde schon jemanden, der mich herumführen wird.«

Ich ging schnell auf ihn zu und sagte: »Kommen Sie mit, ich werde Ihnen alles zeigen.«

11. Innenansichten des Gefängnislebens

Einige von den Wärtern, die die Kommission durch das Gefängnis lotsen sollten, kamen herbei und versuchten, den Mann bei den anderen zu halten und ihn nur das sehen zu lassen, was sie zeigen wollten. Aber er ging einfach weg.

Er sagte: »Ist schon gut, ich finde mich alleine zurecht.« Also mußten sie ihn ziehen lassen. Ich übernahm seine Führung. Ich sagte:

»Kommen Sie, ich möchte Ihnen zeigen, was wir hier zu essen bekommen.«

Ich ging mit ihm in die Küche und reichte ihm eine Tasse mit dem Kaffee für die Häftlinge. Es war gar kein Kaffee, bloß schwarzes Wasser. Es schmeckte auch nicht nach Kaffee. Ich zeigte ihm den Brei. Er probierte einen Löffel, kriegte aber nichts davon runter. Ich nahm den Deckel von einem Topf und zeigte ihm die Bohnen, die wir bekamen.

Er sagte nicht viel, aber ich konnte sehen, was er dachte. Er wußte genauso gut wie ich, daß wir nicht die Verpflegung erhielten, die uns zustand. Ich führte ihn durch Küche und Kantine und übergab ihn dann dem nächsten Häftling. Wir hatten vorher alles arrangiert.

Der nächste Gefangene führte ihn in die Waschräume. Er zeigte ihm die paar zerlumpten Handtücher, die dort an den Haken hingen, und die zugleich von Weißen, Schwarzen und Chinesen benutzt wurden. Die Handtücher wurden nur hin und wieder mal gewaschen, man konnte sie kaum gebrauchen. Die meisten Häftlinge nahmen Stoffetzen von Mehlsäcken und benutzten sie als Handtücher.

Der Mann von der Inspektion schaute sich um und fragte: »Wo ist die Seife?«

Der Häftling, der sich um die Waschräume kümmerte, deutete auf einen Spind an der Wand und sagte, sie sei dort eingeschlossen.

»Warum wird sie weggeschlossen?« wollte der Mann wissen. Der Gefangene antwortete: »Wir müssen sie unter Verschluß halten, sonst würden die Häftlinge sie benutzen.«

Der Inspekteur fragte, wer angeordnet hat, die Seife wegzuschließen, und erhielt zur Antwort, daß der Befehl vom Quartiermeister käme.

Inzwischen hatte der nächste die Führung dieses Inspekteurs, der bereit war, sich alles anzuschauen, übernommen. Er ging mit ihm ins Büro, wo die Post der Häftlinge bearbeitet wurde.

»Da liegt sie«, sagte der Häftling und zeigte auf hohe Stapel von Briefen. Manche lagen schon sechs Monate dort. Sie wurden ohne Begründung zurückgehalten. Wenn die Wärter einen Mann nicht leiden konnten oder verdächtigten, unterschlugen sie einfach seine Post, sowohl die ankommende als auch die abgehende.

Ein neu Inhaftierter schrieb vielleicht an seine Freunde nach draußen und erhielt keine Antwort. Seine Freunde wußten nicht, ob er tot oder lebendig war, und auch er wußte nichts von ihnen. So etwas kann einen zum Wahnsinn treiben.

Im Gefängnis waren auch keine Lokalzeitungen erlaubt. Es gab Männer, die all ihre Begünstigungen verloren, weil sie mit Hochzeits- und Todesanzeigen erwischt wurden, die sie bei den Baracken der Wärter aus einer Zeitung herausgerissen und in ihren Schuhen versteckt hatten. Die Männer tauschten alles, was sie besaßen – Handtuch, Seife, Zahnbürste und Schuhe –, gegen diese Anzeigen, die Nachricht von ihren Verwandten gaben.

In diesem Stapel Briefe fanden sie die traurigsten Briefe von Müttern und Ehefrauen. Die Männer zeigten mir später einige davon. Der Mann von der Inspektion ordnete an, die ganze Post auszuteilen, was mit Jubel begrüßt wurde.

Die Inspekteure blieben den ganzen Tag, und abends wollten sie sich noch die Beschwerden der Gefangenen anhören. Wer ein Problem hatte, sollte sich melden. Diese Anhörung wurde um neun Uhr eröffnet, genau als die Bettruhe begann. Es war eine kalte Winternacht. Alle Gefangenen, die Beschwerden vorbringen wollten, wurden aus ihren Zellen geholt und mußten sich im Gang aufstellen.

Die Lieblinge vom Captain, die auch aussagen sollten, durften in ihren Zellen bleiben. Sie wurden als erste aufgerufen. Sie konnten noch schlafen, bis sie dran waren. Dann gingen sie die Treppen hoch und bezeugten, daß sie gut behandelt wurden und regelmäßig ihre Post bekamen. Der Direktor achtete darauf, daß auf einen, der eine Beschwerde vorbrachte, zehn solcher Männer kamen.

Währenddessen ließ man jene im kalten Gang stehen, die beherzt genug waren, hinaufzugehen, um gegen ihre Wärter auszusagen und die Wahrheit zu schildern, in der Hoffnung, daß sich etwas ändern werde. Manche von ihnen waren nach der harten Arbeit des Tages zu müde und gingen schlafen. Der letzte wurde um ein Uhr nachts von der Inspektion angehört.

Am nächsten Tag waren die Inspekteure wieder weg und berichteten, daß alles in bester Ordnung sei. Sie kehrten allen Dreck unterm

Teppich, ganz wie der alte Knasti vorausgesagt hatte. Es traten überhaupt keine Veränderungen ein. Diejenigen, die günstige Aussagen gemacht hatten, wurden besser behandelt als je zuvor, und die anderen, die sich beschwert hatten, wurden noch schlechter behandelt. Das war alles.

Der letzte Mann, der ausgesagt und dafür vier Stunden in der Kälte gestanden hatte, verlor sofort seine ganzen Bonuspunkte, wegen ›Bummelei‹. So lautete das Vergehen, nicht hart genug zu arbeiten. Jeder Wärter konnte einem das vorwerfen, ohne daß man die Chance hatte, sich dagegen zu verteidigen. Der wahre Grund, warum diesem Mann seine Bonuspunkte gestrichen wurden, war natürlich seine Beschwerde. Er wußte das, und es vergiftete seinen Sinn. Er begann sofort damit, Intrigen zu schmieden. Er wurde einer der aufsässigsten Männer in Folsom und machte später auch beim großen Ausbruch mit.

12. Die Lage spitzt sich zu

Wir hatten wirklich nicht viel Hoffnung auf die Inspektion gesetzt. Aber dennoch, als wir sahen, wie die Dinge liefen, und als die Männer am nächsten Morgen erzählten, wie sie die halbe Nacht im kalten Gang hatten ausharren müssen, um aussagen zu können, und als die Inspekteure sich dann zufrieden über die Zustände in Folsom äußerten, da war das ein Triumph für den Direktor, und unsere Verbitterung wurde immer größer.

Wir sahen, wie die Männer, die für den Direktor ausgesagt hatten, besser behandelt wurden als je zuvor. Die Männer, die die Wahrheit gesagt hatten, wurden dafür bestraft. Es gab keine Spur von Fairneß und Gerechtigkeit. Es gab bloß Macht und Haß auf der einen, und Haß und Hilflosigkeit auf der anderen Seite.

Unter den Häftlingen hatte es schon immer Gerede über einen Ausbruch gegeben, aber jetzt wurde die Sache ernst. Je verzweifelter die Männer wurden und keine andere Chance mehr sahen, desto ernsthafter verfolgten sie den Gedanken und begannen, konkrete Ausbruchspläne zu schmieden.

Die Mißstände im Gefängnis zwangen uns, alle Regeln zu brechen. Wir bekamen nicht genug zu essen, also stahlen wir uns was. Wir bekamen keinerlei Annehmlichkeiten wie neue, warme Kleidung oder Tabak, wenn wir nicht mit Opium dealten oder uns bei den Wärtern einschleimten. Das ganze Gefängnis war ein Netzwerk aus Mißtrauen, Verdächtigungen und Haß. Es gab zwei Parteien und dazwischen die Spitzel und Spione.

Während die Pläne von einem Ausbruch immer mehr Gestalt annahmen, erlebten die Männer eines Morgens einen Schock. Als am Abend zuvor die Kolonne einrückte, fehlte der *Kuchenesser*. Der Kuchenesser (ich muß wohl nicht extra erwähnen, daß er sich seinen Spitznamen draußen erworben hatte) war nach Folsom gekommen mit dem Ruf, ein notorischer Ausbrecher zu sein. Murphy hatte sofort einige seiner Spione eigens auf ihn angesetzt. Dennoch war er verschwunden.

An diesem Morgen erklärte Murphy vor allen Leuten: »Ich hatte zwanzig Knackis auf diesen Kerl angesetzt!« Und sofort ließ er diese zwanzig Mann antreten. Sie mußten wieder zum Steinebrechen.

Das führte zu einem Aufruhr unter den Gefangenen. Diese Männer waren zuvor auf Anordnung des Doktors oder unter anderen Vorwänden von schwerer Arbeit befreit worden. Ihre Mithäftlinge hatten sie für koscher gehalten. Durch die Flucht des Kuchenessers waren sie jetzt enttarnt worden. Danach wurden sie von uns geschnitten und vom Captain fallengelassen.

Später machte man den Kuchenesser in einem Gefängnis in Utah ausfindig. Sie schickten einen Wärter hin, um ihn zu holen. Bevor dieser dort eintraf, war der Kuchenesser schon wieder getürmt. In Jefferson City in Missouri wurde er erneut geschnappt und dort in den Knast gesteckt. Dann wurde er wieder nach Utah überstellt, wo es gelang, ihn solange dort zu halten, bis er seine Strafe bei ihnen abgesessen hatte. Schließlich kam er dann zurück nach Folsom, um auch hier seine restliche Haftzeit zu verbüßen.

Murphys Verrat an den Spitzeln, die wir für koscher gehalten hatten, ließ die Häftlinge noch vorsichtiger werden, wen sie in den geplanten Ausbruch einweihten. Der Plan konnte nur langsam entwickelt werden.

Alle Macht lag in den Händen der Wärter. Alles was sie taten, machte uns noch hoffnungsloser und verzweifelter.

Da gab es einen Häftling, der Jimmy Holzgesicht genannt wurde. Er war Zellenwart. Er hatte eine weiße Ratte, die er darauf abrichtete, nachts durch die Zellen zu streifen und Blättchen für Zigaretten zu stehlen. Die Ratte brachte die Blättchen dann zu Jimmy, der sie gegen Essen eintauschte. Es gab viel Rätselraten um das mysteriöse Verschwinden der Blättchen. Schließlich wurde der Dieb aber entdeckt und getötet. Jimmy war untröstlich, daß seine Essensquelle damit versiegt war.

Wir mochten Jimmy. Er mußte zwei zehnjährige Haftstrafen absitzen. Als die erste rum war, berieten sich die Gefangenen und kratzten Kohle für einen Anwalt zusammen. Jimmy wurde zur Neuverhandlung nach Sacramento vor Gericht geladen. Eine der Haftstrafen wurde für ungültig erklärt, und er hoffte, einen Antrag auf Entlassung stellen zu können. Zwei Tage später war Jimmy wieder beim Steinebrechen. Wir gingen zu ihm und fragten, was das Gericht in seinem Fall entschieden hatte.

Jimmy berichtete: »Ich weiß nich' genau, was der Richter gesagt hat. Der Rechtsverdreher hat für unsere Kohle 'ne Viertelstunde rumgequatscht. Aber da saß ein Bursche mit mir in der Zelle in Sac, der am Abend vor meiner Verhandlung entlassen wurde. Am nächsten Morgen, als ich gerade zum Gericht wollte, brachten sie 'ne Portion Spiegelei und Schinken für diesen Burschen. Der Wärter wollte sie für mich aufheben, aber ich war deswegen so unruhig, daß ich den Spruch des Richters nich' richtig mitgekriegt habe. Er hat irgendetwas in der Richtung gesagt, daß ich Termine verpennt hätte. Ich hätte gleich nach der Verurteilung Widerspruch einlegen müssen. Sieht so aus, als hätte ich erst die unrechtmäßigen zehn Jahre abgesessen. Jetzt muß ich auch noch die rechtmäßigen zehn absitzen.«

Also war Jimmy für weitere zehn Jahre hier. Was Recht und Gerechtigkeit betrifft, so galten im Gefängnis beide nicht viel. Und um die Einhaltung der Gesetze scherten sich die Wärter genauso wenig wie die Sträflinge. Aber eines der übelsten Dinge haben sie einem jungen Kerl angetan, einem Zellengenossen von mir, der für mich einen Brief nach draußen schmuggeln wollte. Das hat in mir den Haß geschürt.

13. Ein Brief wird rausgeschmuggelt

Dieser junge Bursche, mein Zellengenosse, der entlassen wurde, bot mir an, einen Brief für einen Freund in der Stadt mitzunehmen. In diesem Brief war von einem Opiumdeal die Rede, wo der Stoff besorgt und versteckt werden sollte. Er ging damit natürlich ein Risiko ein. Ich hatte keine Möglichkeit, mich dafür bei ihm zu revanchieren, denn er kam ja nicht zurück. Aber er war ein Freund von mir, also tat er es. Keine Verpflichtung ist so stark wie die der Freundschaft.

Es war normal, daß diejenigen, die entlassen wurden, zu ihren Freunden gingen und sagten: »Ich werde entlassen. Was willst du haben? Opium? Gift? Eine Knarre? Ich besorge dir alles, sag einfach, was du brauchst.«

Also versprach dieser junge Bursche, den Brief für mich abzuliefern. Wenn man damals sicher sein wollte, daß ein Brief an die Freunde draußen auch wirklich ankam, mußte man einen Wärter bestechen oder den Brief einem Gefangenen mitgeben, der entlassen wurde. Wenn man mit Opium dealte, war man natürlich auf diese Art von Kommunikation angewiesen. Also gingen ständig Briefe über dunkle Kanäle nach draußen.

In der Folge wurden die Gefangenen bei ihrer Entlassung viel gründlicher gefilzt als bei ihrer Einlieferung. Es wurden Briefe entdeckt, die in der Kleidung, die in der Gefängnisschneiderei hergestellt wurde, eingenäht waren. Andere waren in den Schuhen eingearbeitet. Die Häftlinge versteckten die Briefe auch unter Pflastern, die sie sich auf den Rücken oder unter die Fußsohlen klebten. Schließlich blieb den entlassenen Häftlingen noch die Möglichkeit, den Brief in den Mund zu stecken. So ließ er sich im Falle einer Entdeckung runterschlucken. Ansonsten konnten sie sich den Brief noch in einem Stück Federkiel in die Nase schieben.

Ich hatte diesen Brief auf zwei Blättchen für Zigaretten geschrieben. Auf ein Blättchen passen zweihundert Wörter, wenn man mit einer Lupe arbeitet und mit einem spitzen Stift schreibt. Drei oder vier Blättchen ergaben schon einen recht langen Brief. Man konnte sie zu einem Bällchen zusammenrollen, das nicht größer als eine Bohne war. Das wickelte man in Alufolie ein und steckte es in die Backentasche.

Wenn ein Gefangener entlassen werden sollte, holten sie ihn in einen kleinen Raum, wo er nackt ausgezogen wurde. Seine Kleidung wurde in eine Ecke geworfen, und er mußte sich in die andere stellen. Dann untersuchten ihn die Wärter sorgfältig. Sie schauten ihm unter die Achseln, zwischen die Zehen, ließen ihn den Mund öffnen und untersuchten Zentimeter für Zentimeter seinen Körper. Danach brachten sie ihn, noch immer nackt, ins Nebenzimmer, wo er seine Entlassungskleidung anziehen konnte.

Der junge Bursche hatte diese Feuerprobe bereits hinter sich. Er war angezogen und stand draußen und wartete auf den Gefängnisbus, der ihn nach Folsom City bringen sollte, als einer der Wärter wieder zu ihm kam.

Dieser Wärter hegte einen besonderen Groll gegen ihn und hatte ihn im Verdacht, daß er ihn reinlegen wolle. Er hatte es noch nicht aufgegeben, öffnete den Mund des Jungen und begann, mit einem Bleistift darin herumzustochern. Da entdeckte er den kleinen Ball aus Alufolie. Sofort packte er den Jungen bei der Gurgel und würgte ihn. Der Junge wollte ihn abschütteln und den Brief runterschlucken. Da eilte ein anderer Wärter herbei und half dem ersten. Sie schlugen so brutal auf den Jungen ein, daß ein anderer entlassener Häftling, der auf den Abtransport wartete, eingriff und versuchte, den Jungen zu schützen.

Am Ende bekamen die Wärter den Jungen dazu, den Brief auszuspucken. Viel konnten sie ihm nicht entnehmen. Mein Name stand ohnehin nicht drauf. Sie versuchten, aus ihm rauszuquetschen, wer den Brief geschrieben hat. Er schwieg. Also brachten sie beide wieder in den Knast zurück und sperrten sie ein.

Ich erfuhr in der Nacht davon. Einer der Männer sagte zu mir: »Da siehst du, was du angerichtet hast. Sie werden dem Jungen die Hölle heiß machen.«

Ich antwortete: »Was können sie schon tun? Er geht weg, er ist entlassen. Es ist kein Verbrechen, einen Brief bei sich zu haben. Sie können ihm nichts anhängen.«

»Sie können ihm nichts anhängen?« fragte er. »Na, wart mal ab. Du wirst schon sehen, was sie alles tun können.«

Ich mußte feststellen, daß er sich besser auskannte als ich. Am nächsten Morgen brachten sie die beiden Häftlinge mit dem Gefängnis bus nach Folsom City, stellten sie vor Gericht und ließen sie für sechs Monate wegen Landstreicherei verknacken. Man kann den ganzen Vorfall in den Akten des Bezirks Sacramento nachlesen. Sie sind öffentlich einsehbar.

Ich schwitzte währenddessen im Gefängnis Blut. Ich hatte etwas Geld, aber es gab keine Möglichkeit, es dem Jungen zu senden. Ich kannte keinen Wärter, der koscher war. Man mußte sehr aufpassen, wenn man Wärtern Geld anvertraute. Manche gingen damit in die Stadt, verprassten es mit deinen Freunden, borgten sich vielleicht noch Geld von ihnen und kamen dann zurück und machten sich über dich lustig.

Während ich mir den Kopf zerbrach, wie ich mit dem Jungen in Kontakt treten konnte, erfuhr seine Mutter unten in der Stadt davon. Sie hatte ihn zu Hause erwartet, und als er nicht kam, hat sie Nachforschungen angestellt und ihn im Bezirksgefängnis ausfindig gemacht. Es war eine arme Familie, aber seine Schwester hatte Arbeit und sie schafften es, zwanzig Dollar zusammenzukratzen. Die schickten sie dem Jungen, damit er sich einen Anwalt nehmen konnte.

Für diesen Betrag konnte er beide Männer rausholen. Die einzigen Kosten, die anfielen, war der Zeitaufwand des Anwalts. Der Antrag selbst kostete nichts. Man konnte sie nicht wegen Landstreicherei festhalten, wenn sie nicht mal eine Minute außerhalb des Gefängnisses gewesen waren. Aber der Anwalt war schlau. Wenn er erst mal nur den einen rausholte, so dachte er sich, dann würde der sofort losziehen und Geld stehlen, um auch den anderen freizukriegen. Also sagte er, daß er für zwanzig Dollar nur einen freibekäme. Der Junge hatte das Gefühl, dem anderen Mann verpflichtet zu sein, weil der dazwischengegangen war, als die Wärter auf ihn einschlugen, also gab er die zwanzig Dollar ihm und der Anwalt holte ihn am nächsten Tag raus.

Dieser Mann war ein recht geschickter Dieb. Er ging los und besorgte sich Geld, damit der Anwalt auch den Jungen rausholte. Aber noch in derselben Nacht erwischten sie ihn dabei, wie er ein Haus leerräumte. Er wurde sofort abgeurteilt. Bevor der Junge also seine sechs Monate angetreten hatte, saß der andere schon wieder für fünfzehn Jahre in San

Quentin. Und der Junge mußte seine sechs Monate im Bezirksgefängnis absitzen.

Das war nur ein besonders übler Vorfall von vielen ähnlichen. Aber er war ein weiteres Steinchen, das Murphy letztlich zum Straucheln brachte. Als die Männer sahen, daß der Direktor sogar die Richter an den auswärtigen Gerichten unter Kontrolle hatte, bekamen sie das Gefühl, nicht mal mehr freizukommen, wenn ihre Strafe verbüßt war.

Und als sich die Männer ohnehin schon in diesem Zustand der Hoffnungslosigkeit befanden, führte Direktor Wilkinson die Zwangsjacke als Strafe ein.

14. Die Folter mit der Zwangsjacke

Bis zu diesem Zeitpunkt war das Aufhängen die schlimmste Form der Bestrafung, die man in Folsom kannte. Das ging so: Man fesselte dem Häftling mit Handschellen die Hände auf den Rücken, schlang ein Seil darum und führte es über eine Rolle, die an der Decke befestigt war. Dann wurde der Mann so weit hochgezogen, daß er nur noch auf den Zehenspitzen stehen konnte, manchmal hing er aber auch ganz in der Luft. Diese Art der Folter war jedoch nicht zufriedenstellend, denn die Männer verloren gleich das Bewußtsein. Man mußte sie also schnell wieder runterlassen, denn wenn sie bewußtlos waren, litten sie ja nicht.

Damals war Martin Aguirre der Direktor von San Quentin. Er hatte dort die Zwangsjacke eingeführt. Diese Form der Bestrafung war Jahre zuvor in England abgeschafft worden, aber Aguirre griff sie wieder auf und fand sie wirkungsvoller als alles, was er bisher ausprobiert hatte. Er kam nach Folsom und erklärte den Wärtern, wie sie funktionierte. Sie erkannten, daß die Jacke jeder Foltermethode, die sie bisher angewandt hatten, überlegen war, denn in einer Zwangsjacke verlor der Häftling niemals das Bewußtsein. Seine Qualen waren dauerhaft und grenzenlos.

Murphy war begeistert, als er sah, was man mit so einer Jacke anstellen konnte. Kurz nachdem wir davon erfahren hatten, kam er in den

Steinbruch und verkündete lauthals: »Ich hab jetzt was Neues. Damit werde ich euch zu Spitzeln oder zu Krüppeln machen.«

Er sagte das zu Gordon, einem jungen Burschen, der neben mir arbeitete und der später den Ausbruch anführen sollte, aber alle Männer konnten es hören. Der ganze aufgestaute Haß, all die Angst und Hoffnungslosigkeit kamen hoch. Stell dir vor, da kommt jemand zu dir und sagt: »Verrate deinen Freund hier oder ich werde dir die Arme abreißen.«

Und du weißt, daß er es tun kann, und es auch tun wird, weil du ihm hilflos ausgeliefert bist. Du kannst ihm nichts anhaben, aber er kann alles mit dir machen. Er kann dich natürlich nicht zwingen, deine Freunde zu verraten, aber er kann dich mit voller Absicht für den Rest deines Lebens zum Krüppel machen. Und du hast selbst gesehen, wie er es mit anderen auch schon tatsächlich gemacht hat.

Der erste, der in die Jacke gesteckt wurde, war ein Damenschneider, ein Jude. Er hatte für irgendjemanden aus dem Büro des Direktors etwas geschneidert. Seine Arbeit wurde bemängelt und er wurde vor den Direktor gebracht und zurechtgewiesen. Ich glaube, er weigerte sich, weiter als Schneider zu arbeiten, die Frauen waren einfach zu streng. Er bat darum, für den Steinbrecher eingeteilt zu werden. Sie drohten, ihn in die Zwangsjacke zu stecken, wenn er nicht wieder an seine Arbeit in der Schneiderei ginge. Dieser Junge wußte nicht, was ihm bevorstand.

Also haben sie ihn in die Zwangsjacke geschnürt. Als er nach zwei oder drei Tagen wieder rauskam, war er verkrüppelt, und zwar für immer. Seine Hände waren verschrumpelt. Er würde nie wieder als Schneider arbeiten können. Wir haben gesehen, wie er mit seinen nutzlos gewordenen Händen im Gefängnis herumlief.

Aus Angst vor einer solchen Behandlung gab es im Gefängnis zwar weniger geringfügige Verstöße, aber größere, wie zum Beispiel gewaltsame Übergriffe, ereigneten sich dafür immer häufiger. Es kam zu Angriffen auf Wärter und Spitzel. Bei vielen Häftlingen, die man filzte, wurden Messer gefunden. Die ängstlicheren Gefangenen knickten ein und wimmerten um Gnade. Andere verhärteten sich und wurden noch aufsässiger.

Als zweiter nach dem jüdischen Jungen kam ein Häftling dran, der wegen Bummelei am Steinbrecher aufgefallen war. Er hatte sein Pensum nicht erfüllt. Er steckte fast die ganze Nacht in der Jacke, bis der Doktor anordnete, ihn wieder rauszulassen. Er wurde in seine Zelle gebracht und starb am nächsten Morgen. Sie hatten ihn so fest eingeschnürt, daß seine Blase geplatzt war.

Im Gefängnis breiteten sich Furcht und Schrecken aus, Angst und Haß wurden immer größer. Die Bestrafungen gingen weiter. Mehrmals die Woche wurde ein Mann in die Jacke gesteckt. Manche wurden nur vorübergehend verkrüppelt, andere für immer.

Selbst kleinere Verstöße, wie das Dealen mit Opium oder Fluchtversuche, wurden mit der Zwangsjacke bestraft. Ich glaube nicht, daß irgendjemand in der Jacke sein Bewußtsein verloren hat. Es war eine nicht enden wollende körperliche Pein. Die Jacke fügte einem keine direkten Schmerzen zu, sie unterbrach den Blutkreislauf, das verursachte die Qual.

Die Wärter, die sie anwandten, konnten nicht wissen, was sie taten. Es konnte ihnen nicht klar sein. Sie sahen zwar die Auswirkungen, die Verkrüppelungen, aber sie konnten keine Vorstellung davon besitzen, welche Qualen man litt, wenn die Jacke zugeschnürt wurde. Kein Mensch, kein normaler Mensch, könnte so handeln, wenn er es wüßte.

Die Wärter waren nie eingeschnürt worden. Niemand konnte sich eine Vorstellung davon machen, wenn er es nicht am eigenen Leibe erfahren hatte. Ich habe die Geschichten gehört, die die Männer, die es durchgemacht hatten, erzählten, und ich sah sie hinterher verkrüppelt rumlaufen. Aber auch ich konnte mir keine Vorstellung davon machen, bis ich selbst an die Reihe kam.

Die Gefangenen, die kein Opium nahmen, versuchten zumeist, für die Feiertage eine Flasche Whisky zu bekommen. So wurde der Vierte Juli oder Weihnachten gefeiert, mit einer Extraration Opium oder Whisky. In der Nacht vor dem Vierten Juli hatte ein Mann namens Kelly von einem Wärter einen Flachmann bekommen. Bevor er sich schlafenlegte, stellte er die Flasche neben sich auf den Tisch, so daß er sie am Morgen gleich als erstes zur Hand hätte und mit einem Freund trinken konnte.

Zu der Zeit gab es dort einen ziemlich durchtriebenen Wärter, George Lamphrey. Er war genauso gerissen wie die Häftlinge, sogar gerissener als die meisten von ihnen. Er versuchte es eher mit List als mit Brutalität. Er hat fast alle Gefangenen ausgetrickst und von einem nach dem anderen den Bonus für gute Führung kassiert, nur durch seine Verschlagenheit. Sie nannten ihn den *Habicht*.

Lamphrey hatte diesen Kelly im Verdacht, daß er ihn austricksen wolle, also wartete er auf eine Gelegenheit, ihn dranzukriegen. Er vermutete, daß Kelly wegen des bevorstehenden Feiertags was in seiner Zelle haben würde, und er war fest entschlossen, die Zelle in dieser Nacht zu stürmen. Wenn er irgend etwas fände, Opium oder Whisky, würde das bedeuten, daß Kelly verraten mußte, wo er es her hatte, oder ihm würde die Zwangsjacke drohen.

Es war aber unmöglich, auf normale Weise in die Zelle zu gelangen, ohne den Gefangenen aufzuwecken und ihm Gelegenheit zu geben, alles zu vernichten, was er an Verbotenem hatte. Also tüftelte Lamphrey einen Weg aus, wie er in die Zelle kam, ohne Kelly aufzuwecken.

15. Kelly soll überrumpelt werden

Da lag also Kelly in seiner Zelle und schlief friedlich, den Whisky in Reichweite, und der Wärter, der ihm das Zeug besorgt hatte, machte sich keine Sorgen, denn er wußte, daß Kelly koscher war. Und da war Lamphrey, der Habicht, der sich das Hirn zermarterte, wie er in die Zelle kommen und sich Kelly schnappen konnte, bevor dieser aufwachte.

Um in die Zelle zu gelangen, mußte man den Schlüssel ins Schloß stecken, ihn umdrehen, das Schloß abnehmen und den schweren Riegel zurückschieben, damit sich die Tür öffnen ließ. Es war ein großes, sperriges Schloß, das eine Menge Lärm machte. So ein ungewöhnliches Gepolter mitten in der Nacht würde Kelly auf jeden Fall aufwecken.

Nun wußte Lamphrey nicht, was Kelly bei sich hatte. War es Opium, so konnte er es runterschlucken, bevor ihn jemand daran hindern konnte. Ich kannte Häftlinge, die eine ganze Flasche Morphium geschluckt hatten, als sie hörten, daß die Wärter die Zelle stürmen wollten. Lamphrey wußte das natürlich auch.

Ihm war klar, daß er sich etwas anderes ausdenken mußte. Und er legte sich einen äußerst cleveren Plan zurecht. Die Wachen in den Gebäuden machten jede Stunde ihre Runde. Das nannte man *am Schloß rütteln*. Die Wärter sollten bei jeder Zelle, an der sie vorbeigingen, am Schloß rütteln, um zu prüfen, ob es in Ordnung war. So hörte man im Schlaf jede Stunde dieses Rütteln an der Tür, wachte aber nicht auf, weil man daran gewohnt war.

Für diese Nacht hatte Lamphrey den Wachen besondere Anweisungen gegeben. Der Wärter, der seine Runde um zwölf Uhr machte, rüttelte bei Kellys Zelle nicht am Schloß, sondern steckte den Schlüssel rein und ging weiter. Derjenige, der um ein Uhr an der Reihe war, drehte den Schlüssel rum. Falls Kelly das Geräusch hörte, würde er ihm keine Beachtung schenken. Er würde denken, daß der Wärter bloß wie üblich das Schloß überprüfte.

Der Wärter, der um zwei Uhr seine Runde machte, nahm das Schloß vom Haken. Um drei Uhr postierten sich dann zwei Aufseher neben der Tür. Als der diensthabende Wärter auf seiner regulären Runde vorbeikam, riß er den Riegel zurück und stürmte in die Zelle. Er griff sich Kelly, zerrte ihn aus dem Bett und in den Gang, während dieser ganz benommen aufwachte. Noch ehe Kelly richtig zu sich kommen konnte, waren die beiden anderen Wärter schon in der Zelle und fanden den Whisky.

Kelly saß eine Strafe von fünfundreißig Jahren ab. Er hatte seine Karriere als Sträfling mit vier Jahren Haft in San Quentin begonnen. Wegen eines kleinen Vergehens, das ein Spitzel verraten hatte, war er zu verschärfter Haft im Kerker verurteilt worden. Als er wieder aus dem Kerker rauskam, jagte er den Häftling, der ihn verraten hatte, und brachte ihn um. Das war eine der Folgen des Spitzelsystems, das sie unterhielten. Es war natürlich verrückt von Kelly, so etwas zu tun, aber das entsprach seinem Naturell.

Er wurde wegen dieses Mordes vor Gericht gestellt und zu fünfunddreißig Jahren in Folsom verurteilt. Dort war er jetzt seit fünf oder sechs Jahren und hatte nie Schwierigkeiten gehabt, bis er mit dieser Flasche Whisky erwischt wurde.

Kelly mußte bei der nächsten Sitzung vor dem Rat der Direktoren erscheinen. Der Wärter, der ihm den Whisky besorgt hatte, war starr vor Angst. Er konnte sich nicht vorstellen, daß Kelly die Zwangsjacke riskieren würde, bloß um ihn zu schützen. Er rechnete damit, seinen Job zu verlieren und obendrein vor Gericht gestellt zu werden. Aber Kelly weigerte sich, jemanden zu verpfeifen. Also steckten sie ihn in die Zwangsjacke. Er blieb vier Tage lang eingeschnürrt, weigerte sich aber, zu sagen, von wem der Whisky stammte. Schließlich ordnete der Doktor an, ihn aus der Jacke zu befreien.

Bei der nächsten Sitzung des Direktorenrats mußte er wieder erscheinen. Sie strichen ihm die ganzen Haftverkürzung, die er auf seine fünfundreißig Jahre angerechnet bekommen hatte. Das waren sechzehn Jahre.

Kurz darauf wurde er mit Opium erwischt und man drohte ihm wieder mit der Zwangsjacke. Während er darauf wartete, vom Doktor untersucht zu werden, schnitt er sich die Pulsadern auf und war am Verbluten, als ein Wärter entdeckte, wie das Blut unter der Zellentür durchsickerte. Kelly wurde zusammengenäht und erholte sich wieder. Sie haben ihn nicht in die Jacke gesteckt, aber er hatte jegliche Hoffnung verloren.

Von den Sprengkommandos in den Steinbrüchen konnte man für Opium jederzeit Dynamit kaufen. Und dieser Kelly war jetzt so verzweifelt, daß er nach und nach soviel Dynamit zusammenkaufte, bis er daraus in seiner Zelle ein Quart Nitroglyzerin herstellen konnte.

Er hatte seinen Haftbonus verloren. Vor ihm lag eine Ewigkeit im Knast. Er plante, irgendetwas anzustellen, damit er wieder vor den Rat der Direktoren kam. Dann wollte er die Flasche mit Nitroglyzerin in den Sitzungssaal der Direktoren schmuggeln. Wenn sie ihn dann abgeurteilt hätten, würde er ihnen die Flasche mit Nitro zeigen, ein ganzes Quart, und drohen, alle in die Luft zu jagen, samt Gebäude und sich selbst, wenn sie ihm kein sicheres Geleit durch die Sperrlinien zusicherten. Er hatte sich sogar schon zurechtgelegt, was er vor dem Direktorium sagen würde:

»Ihr habt mit mir abgerechnet, jetzt werde ich mit euch abrechnen. Hier in der Flasche ist ein Quart Nitroglyzerin, genug, um das ganze

Gebäude in die Luft zu jagen, und euch und mich selbst dazu. Ich will Freiheit. Ich will sicheres Geleit durch die Sperrlinien. Wenn ihr nicht glaubt, daß das hier Nitro ist, werd ich's euch beweisen. Hier in dieser kleinen Flasche ist ungefähr ein Löffel davon drin. Ich lasse sie auf den Boden fallen, sie wird explodieren, das sollte euch überzeugen. Jetzt seid ihr dran. Entscheidet euch, ja oder nein. Mir ist es gleich, wenn wir alle draufgehen. Vielleicht schnappt ihr mich morgen schon wieder, aber ich komme hier raus oder jage uns alle in die Luft. Stürzt euch nicht unnötig ins Unglück.«

Er verbarg das Nitroglyzerin in einem Loch in seiner Zellenwand. Immer wieder versuchte er, vor den Rat zu kommen. Aber er hatte ja schon seinen gesamten Haftbonus verloren, und sie wußten auch, daß ein weiteres Mal Zwangsjacke seinen Tod bedeuten würde. Einen solchen Skandal wollten sie auf jeden Fall vermeiden. Also versuchte er, vor den Rat gelassen zu werden, um die Wiederherstellung seines Bonus zu beantragen.

Doch das war hoffnungslos. Es war unmöglich, Beschwerden oder Bitten zur Anhörung zu bringen. Die Gefangenen kamen nur zur Bestrafung vor den Rat. Und da sie seine Strafe nicht mehr verschärfen konnten, erhielt er keine Gelegenheit dazu.

Jahre später wurde Kelly begnadigt. Er war fast blind, als er rauskam. Er ging nach Los Angeles, war aber nicht in der Lage, zu arbeiten. Und stehlen wollte er nicht, weil er auf Bewährung draußen war. Ohne zu stehlen hatte er nichts, wovon er leben konnte. Aber er hatte sein Wort gegeben, und es machte für ihn keinen Unterschied, ob er es dem Captain oder einem Chinesen gegeben hatte. Er fühlte sich daran gebunden und würde es halten.

Kurz darauf hat er sich das Leben genommen. Er hat sich lieber umgebracht, als wegen einer gescheiterten Bewährung in den Knast zurückzugehen. So war sein Charakter.

Zur damaligen Zeit, als Kelly seine Flasche mit Nitro versteckt hielt, hatte das Entsetzen und die Angst vor der Zwangsjacke so weit um sich gegriffen, daß viele der Männer kleine geschärfte Stahlstücke bei sich trugen, um sich die Pulsadern aufschneiden zu können, wenn ihnen die Folter in der Jacke drohte. Der Haß zwischen Wärtern und Häftlingen war so groß geworden, daß es alle paar Tage von beiden Seiten zu Übergriffen kam.

16. Krieg gegen die Spitzel

Nur sehr wenige Häftlinge wurden zweimal in die Zwangsjacke geschnürt. Und von diesen wenigen wüßte ich nicht einen, der nicht versucht hätte, sich vor dem zweiten Mal umzubringen. Die Spitzel waren sehr umtriebig. Wenn sie jemanden anschwärzten, weil er Opium besaß, wurde dieser sofort in die Jacke geschnürt, damit er verriet, wo er es versteckt und von wem er es bekommen hatte.

Ein Häftling sollte zum zweiten Mal mit der Zwangsjacke bestraft werden, weil er Opium besaß, oder zumindest deswegen verdächtigt wurde. Weil er wußte, daß die Qualen, die ihm bevorstanden, unerträglich waren, sagte er dem Captain, er würde den Stoff aus dem Versteck holen. Als sie ihn zu dem Platz begleiteten, wo er arbeitete, holte er kein Opium hervor, sondern nahm einen schweren Meißel, legte seinen Arm auf einen Steinklotz und wollte ihn abtrennen. Er wußte, daß sie ihn dann nicht mehr in die Jacke stecken konnten. Ein Wärter wollte den Schlag abfangen, aber der Mann verlor dennoch einen Finger und verstümmelte seine Hand.

Kurz darauf sollte ein anderer Häftling, ein junger Indianer, mit der Jacke bestraft werden, auch weil ein Spitzel behauptet hatte, er würde Opium besitzen. Dutzende von uns wußten, daß er kein Opium hatte, obwohl er es nahm. Er schaffte es nur, jeden Tag genug Stoff für seine Sucht zu bekommen, behielt aber nie etwas übrig. Er hatte keine Freunde und konnte sich deswegen keine größeren Mengen beschaffen.

Ich wußte, daß er kein Opium besaß, weil ich ihm am Tag zuvor gerade genug davon gegeben hatte, daß er über den Tag kam. Aber die Wärter machten keinerlei Anstalten, die Wahrheit herauszubekommen. Sie packten ihn auf Aussage des Spitzels einfach in die Jacke.

Der Junge war unerfahren und verängstigt. Nachdem er sich eine Stunde in der Jacke gequält hatte, ließ er den Captain holen und sagte, er würde das Opium rausrücken. Sie banden ihn sofort los und schleppten ihn zu dem Steinhaufen, an dem er arbeitete. Er wühlte ein wenig herum und öffnete einen kleinen Hohlraum in den Steinen. Da war natürlich kein Opium drin. Er sagte zum Captain: »Hier hatte ich's versteckt, jemand muß es weggenommen haben.«

Er flehte den Captain an, ihn nicht wieder in die Jacke zu stecken. Aber der Captain war nicht zufrieden. Er befahl, ihn wieder einzuschnüren. Nach drei weiteren Stunden ließ er erneut den Captain kommen und sagte, dieses Mal würde er den Stoff rausrücken. Als sie zurück im Steinbruch waren, machte er keinerlei Anstalten, irgendwelches Opium auszugraben. Er hatte keins, konnte also auch nichts rausrücken.

Stattdessen rannte er direkt vor dem Wachtposten den Hügel hinauf. Wir alle konnten sehen, wie er dort hinauflief. Er war so geschwächt, daß er kaum von der Stelle kam, er stolperte vor sich hin. Als er die unsichtbare Grenzlinie überquerte, eröffneten die Posten auf dem Wachtturm das Feuer und töteten ihn.

Der Indianer wußte, daß er nicht fliehen konnte. Er wußte auch, daß er kein Opium hatte, also wählte er diesen Weg, um der Zwangsjacke zu entgehen und beging Selbstmord.

Inzwischen war der Haß auf die Spitzel so groß geworden, daß niemand mehr das geringste Schuldgefühl verspürte, wenn er einen tötete. Anders konnte man den Spitzeln nicht mehr beikommen. Eine Aussage von anderen Häftlingen galt nichts gegen die ihre. Wir konnten nichts weiter tun, als sie vor den anderen Gefangenen bloßzustellen oder zu versuchen, sie zu töten.

George Putnam war einer der beliebtesten Häftlinge in Folsom. Er war jung, anständig und koscher. Bei seinem Naturell war er natürlich auf Seiten der Hoffnungslosen und Verzweifelten. Wir wußten, daß wir ihm bedingungslos vertrauen konnten.

Jerry Showers, ein anderer Häftling, war das genaue Gegenteil. Er hatte gegen seinen Komplizen ausgesagt, der deswegen am Galgen geendet war, während Showers seinen Hals retten konnte. Als er nach Folsom kam, hat er sich auf die Seite der Wärter geschlagen und wurde Kalfaktor. Er verfügte bei den Wärtern über mächtigen Einfluß. Der Captain ließ jeden Gefangenen auf ein Wort von Showers hin bestrafen, als wenn er ein Wärter wäre.

Showers war ein Klotz von Mann, über einsachtzig groß, brutal, rücksichtslos und jähzornig. Es hieß von ihm, er habe mal ein Pferd mit einem Faustschlag niedergestreckt. Ein andermal hatte er das Hinterrad eines Fuhrwerks aus einem Schlammloch gehoben, als das Gespann steckengeblieben war. Er nutzte seine Stärke und sein gutes Verhältnis zum Captain aus, wo es nur ging.

Nun war einer von Putnams Freunden Opfer von Showers schmutzigen Tricks geworden. Putnam hatte vor, ihn vor allen Leuten fertig zu machen, dem ganzen Gefängnis zu zeigen, daß Showers bloß ein mieser Spitzel war.

Eines Mittags trafen sie sich auf dem Flur. Putnam sagte etwas, aber bevor er den Satz zu Ende gebracht hatte, packte ihn der riesige Mann an der Kehle und würgte ihn. Bevor jemand dazwischengehen konnte, gelang es Putnam, der eher schmächtig war, ein Messer aus seinem Hemd zu ziehen. Er stach damit wild und blind um sich. Dabei wurde eine Ader am Hals von Showers verletzt, und er verblutete innerhalb von Minuten.

Putnam kam vor ein Schnellgericht. Es war nicht schwer, Zeugen gegen ihn aufzutreiben. Viele drängten sich vor, in der Hoffnung, sich beim Captain einschmeicheln zu können. Ich selbst weiß mit Bestimmtheit, daß sich der Hauptzeuge gegen Putnam zur Tatzeit in einem ganz anderen Teil des Gefängnisses aufgehalten hat, so daß er den Vorfall überhaupt nicht gesehen haben konnte. Trotzdem schwor er im Zeugenstand einen Eid, daß er alles genau beobachtet hätte und es kaltblütiger Mord gewesen sei. Putnams Freunde taten natürlich ihrerseits, was sie konnten. Sie riskierten alles, was sie noch besaßen, um zu seinem Gunsten auszusagen.

17. Zwei Hinrichtungen

Die Wärter erinnerten sich wohl daran, was die Männer getan hatten, um Oppenheimer zu retten. Auf jeden Fall waren sie fest entschlossen, kein zweites Mal einen solchen Fehler zu begehen. An dem Tag, als George Putnam für den Mord an Showers vor Gericht kam, wurden die Zeugen der Anklage alle gebadet und rasiert. Sie bekamen die Haare geschnitten und wurden in ordentliche Klamotten gesteckt: weiße Hemden, Kragen und Krawatten. Und alle waren gut im Futter. Dann wurden sie nach Sacramento gekarrt, wo sie ihre Aussagen machten, eine nette, saubere, Vertrauen erweckende Gesellschaft.

Danach waren die Zeugen für George Putnam an der Reihe. Unrasiert, ungebadet, ohne neuen Haarschnitt. Sie waren unterernährt und dreckig. Eine Bande gefährlich aussehender Gesellen. Man führte sie in ihren gestreiften Sträflingsklamotten unter strenger Bewachung in den Gerichtssaal. Die Gerichtsdiener blieben dicht an ihrer Seite, als ob sie gefährliche Gewalttäter wären. Die Wärter aus dem Gefängnis kreisten sie im Gericht ein und filzten sie, so daß die Geschworenen es sehen konnten. Und in Hörweite der Geschworenen sagten sie zu ihnen: »Na, ihr wollt wohl einen aus eurer Bande raushauen, was? Oder wollt ihr vielleicht selber abhauen, wo ihr jetzt in Sacramento seid? Macht bloß keine Dummheiten, wir wissen Bescheid!«

Sie redeten auch untereinander so, daß die Geschworenen es hören konnten. Sie sagten, diese Männer wüßten nichts über den Mord, sondern hätten sich nur als Zeugen gemeldet, weil sie hofften, leichter fliehen zu können. Die Geschworenen ließen sich von der Stimmung, die die Wärter erzeugten, völlig blenden.

Die Männer traten unrasiert und in ihren Sträflingsklamotten in den Zeugenstand und sagten die Wahrheit, nämlich daß Putnam Showers in Notwehr getötet hatte. Sie schilderten den genauen Tathergang. Sie taten, was sie konnten. Aber gegen den Eindruck, den ihre Erscheinung machte, kamen sie nicht an. Sie sahen aus wie gefährliche, zu allem fähige Männer, und die Geschworenen schenkten ihnen keinen Glauben. Putnam wurde umgehend wegen Mordes verurteilt und gehängt.

Sie hatten gedacht, daß wir alle vor Angst erstarren würden, nachdem sie Putnam gehängt hatten, obwohl er den schlimmsten Spitzel in Notwehr getötet hatte. Aber das Gegenteil war der Fall. Die Männer wurden aufsässiger als je zuvor.

Damals wurde alle paar Wochen ein Häftling gehängt. An den Tagen der Hinrichtung gingen wir verbissen und stumm unserer Arbeit nach. Aber in uns gärte es. Wir vergaßen nicht einen Augenblick, was gerade geschah.

Ich habe gesehen, wie manche Männer an so einem Morgen ihre Werkzeuge genommen und sie zerstört haben. Sie nahmen Stahl im Werte von mehreren hundert Dollar und warfen ihn in den Kanal. Es war für uns eine Erleichterung, etwas zu zerstören, was dem Staat gehörte. Ein Mann, der einen Monat lang einen prächtigen großen Grabstein bearbeitet, ihn geglättet und poliert hatte, nutzte den ersten Augenblick, als ihm der Wärter den Rücken zukehrte, und zerschlug den Stein mit seinem Vorschlaghammer. Solche Dinge konnten weder unsere Herzen erleichtern noch unseren Haß lindern, aber sie halfen ein wenig. Und mehr konnten wir nicht tun.

Die Hinrichtungen fanden für gewöhnlich zwischen zehn und elf statt. Es wurde kaum ein Wort gesprochen. Beim Essen kriegte keiner von uns auch nur einen Bissen runter. Wir saßen nur da, starrten auf unsere Teller und gingen wieder an die Arbeit. Hinrichtungen liegen einem schwer im Magen.

Und doch gab es Männer, die in dieser Hölle den Strick dem Leben vorzogen. Der *Deacon*, der *Dutchman* und *Bughouse Bill* sind alle tot, also kann ich ihre Geschichte hier erzählen.[7]

Diese drei saßen zusammen in Folsom. Sie waren enge Freunde und teilten alles miteinander. Der Deacon hatte seine Zeit als erster rum. Nach seiner Entlassung nahm er eine Arbeit an. Er hatte den Job noch immer, als eines Tages Bill und der Dutchman bei ihm auftauchten.

Sie waren gerade erst freigekommen. Sofort hatten sie im Süden San Franciscos ein Haus ausfindig gemacht, wo sie einen Bruch machen wollten. Sie besaßen zusammen zehn Dollar Entlassungsgeld und eine Waffe, aber sie brauchten noch eine weitere.

Ihre Waffe war eine sehr teures Stück und sie wollten sie gegen zwei billigere eintauschen. Sie baten den Deacon, die Sache für sie zu erledigen. Er brachte die Knarre zur Pfandleihe und kam mit zwei anderen zurück. Er gab ihnen die Waffen, verabschiedete sie und wünschte ihnen Glück.

Bill und der Dutchman gingen zu dem Haus, das sie ausbaldowert hatten. Während sie es ausräumten, wachte einer der Bewohner auf und es kam zu einem Kampf, bei dem er getötet wurde.

Der Dutchman wurde am nächsten Morgen in der Nähe des Friedhofs Holy Cross von der Polizei geschnappt, als er versuchte, in die Stadt zurückzukehren. Bughouse Bill war es geglückt, aus dem Bundesstaat rauszukommen.

An dieser Stelle muß ich erwähnen, daß die Polizei nach jedem schweren Verbrechen, das in San Francisco begangen wird, sich sofort bei den Wärtern in San Quentin und Folsom danach erkundigt, »was die Knastbrüder wohl meinen, wer's gewesen ist«. In neun von zehn Fällen liegen die Knastbrüder richtig und diskutieren im Gefängnis darüber. Sie kennen ihre Leute und wissen, wem welches Ding zuzutrauen ist. Sie sagen: »Das war der und der.« Oder: »Das Ding hat dieser oder jener gedreht!« Dieses Gerede kommt dann den Wärtern und Direktoren zu Ohren, und sie leiteten es auf Anfrage an die Polizei weiter.

Auf diese Weise stellten sie wohl auch die Verbindung zwischen dem Deacon und dem Dutchman her und bekamen heraus, wo die gute Waffe für zwei billige eingetauscht worden war. Und eine dieser beiden Waffen fanden sie beim Dutchman.

Der Deacon war gar nicht am Tatort gewesen, aber beide wurden wegen Mordes angeklagt, für schuldig befunden und zum Tode verurteilt. Sie wurden nach Folsom gebracht und in die Todeszellen gesteckt, wo sie auf ihre Hinrichtung warten mußten.

Zu diesem Zeitpunkt wurde Bughouse Bill in Arizona verhaftet und nach Kalifornien zurückgebracht. Auch auf ihn hatten seine Kollegen im Knast ›getippt‹ und darüber geredet. So sind sie ihm auf die Spur gekommen und konnten ihn festnehmen.

Seit dem Mord waren inzwischen viele Monate vergangen und zwei Männer waren bereits zum Tode verurteilt worden. Deshalb war der Staatsanwalt einverstanden, als Bill anbot, sich schuldig zu bekennen und eine lebenslängliche Strafe zu akzeptieren. Das sparte Kosten und Mühen, die eine neue Verhandlung mit sich bringen würde. Also wurde Bill zu Lebenslänglich verurteilt und traf in Folsom ein, als der Deacon und der Dutchman gerade mit ihren letzten Berufungen gescheitert waren und in die Todeszelle kamen.

Als Bill die Lage erkannte, ging er zum Direktor und erzählte ihm, daß er derjenige gewesen sei, der den tödlichen Schuß abgegeben hatte, und daß der Deacon überhaupt nicht mit von der Partie gewesen war. Er legte dieses Geständnis ab, weil er wußte, daß sie ihm nichts mehr anhaben konnten und er das Leben seiner Freunde retten wollte.

Der Direktor leitete seine Aussage an den Gouverneur weiter. Die Mutter des Deacon hatte ebenfalls ein Gnadengesuch an den Gouverneur gerichtet, um das Leben ihres Sohnes zu retten. Sie schrieb ihm, wie es gewesen war, daß er in der fraglichen Nacht gearbeitet und nicht mit den anderen das Ding gedreht hatte.

Eine Mutter ist immer zur Stelle. Bei all meinen Erfahrungen, die ich in Gefängnissen und mit Verbrechern gesammelt habe, kann ich mich an keinen einzigen Fall erinnern, in dem eine Mutter ihren Sohn aufgegeben hätte. Sie hofft und kämpft immer bis zur letzten Minute.

Als der Gouverneur die Nachricht vom Direktor erhielt, versprach er, sich um die Angelegenheit zu kümmern. Er kam nach Folsom, traf sich mit Bill und hörte sich seine Geschichte an. Dann sprach er auch noch mit dem Dutchman und dem Deacon, die in den Todeszellen saßen. Der Direktor hatte ihnen den Besuch des Gouverneurs angekündigt und angedeutet, daß er, wenn sie ihn darum bäten, ihre Strafen wohl in Lebenslänglich umwandeln würde. Sie hatten also in Ruhe darüber nachdenken können.

Als der Gouverneur dann kam, schwiegen sie. Schließlich fragte er, ob er etwas für sie tun könne. Der Deacon antwortete: »Es gibt für uns nur einen Weg, wie wir hier rauskommen, und der führt über den Galgen. Und je schneller ich hier wegkomme, desto besser. Hier will ich nicht leben.«

Beide zogen den Tod einer lebenslänglichen Strafe in Folsom vor, und sie wurden dann auch am vorgesehenen Tag hingerichtet.

18. Gordon wird zum Rädelsführer

Wir erkannten, daß es für uns weder Hoffnung noch Zukunft gab. Unsere Wärter ließen sich nur durch Gewalt und Mord beeindrucken. Die Gespräche kreisten immer häufiger um einen riskanten Ausbruchversuch. Gerüchte hatte es schon öfter gegeben. Von Zeit zu Zeit diskutierten die Gefangenen immer mal wieder vage Pläne. Aber es hatte niemanden gegeben, der die Sache in die Hand nahm und vorantrieb. Bis Gordon kam. Gordon war ein junger Bursche, nicht älter als dreiundzwanzig. Er arbeitete im Steinbruch neben mir, ich kannte ihn gut. Er war intelligent, freundlich, anständig und bei allen beliebt.

Gordon war wegen Straßenraubs zu fünfundvierzig Jahren Haft in Folsom verurteilt worden. Er hatte schon eine Vorstrafe, und damals konnte ein Vorbestrafter bei einer erneuten Verurteilung alles bis Lebenslänglich bekommen. Und fünfundvierzig Jahre war so gut wie lebenslänglich. Selbst wenn Gordon noch einmal freikommen sollte, würde er dann schon fast siebzig sein.

Er besaß genug Erfahrung mit Gefängnissen, um zu wissen, daß er mit seiner langen Strafe in einem tiefen Loch saß, aus dem es kein Entkommen und keine Aussicht auf Begnadigung gab. Er würde sein ganzes Leben im Knast verbringen müssen. Er konnte all die Männer um sich sehen, die schon fünfzehn oder zwanzig Jahre saßen.

Gordon begann unverzüglich, einen Fluchtplan zu schmieden. Das war der einzige Ausweg, den er für sich sah. Den ersten Versuch unternahm er alleine, nur mit Hilfe eines Mannes, mit dem er arbeitete und dem er vertraute.

Im Steinbruch stand eine alte Baracke. Da drin war mal der Barbier untergebracht gewesen, aber zu der Zeit stand sie leer. Die Baracke hatte ein Giebeldach, und der Dachboden war geräumig genug, daß sich ein Mann dort verstecken konnte. Gordon brach ein Loch durch die Decke und kletterte auf den Dachboden, kurz bevor alle zur Nacht eingeschlossen wurden. Keiner im Gefängnis wußte davon, außer dem Freund, dem er vertraute. Der hatte das Loch von außen wieder zugestopft und mit Tapete verklebt.

Beim Appell vorm Einschließen fehlte ein Mann. Es wurde festgestellt, daß es Gordon war. Der Captain setzte sofort alle Hebel in Bewegung. Er ließ die Männer aus den Zellen holen und in Gruppen in seinem Büro antreten. Noch bevor eine halbe Stunde verstrichen war, ließ Murphy die Baracke, in der Gordon sich versteckt hielt, heimlich von Wärtern umstellen.

Das sah nach guter Arbeit des Captains aus. Es kam aber heraus, daß Gordons Freund ihn verpfiffen hatte. Murphy stellte die ganzen Untersuchungen nur an, um seinen Informanten zu schützen. Er führte noch bis elf Uhr Befragungen durch, obwohl er ja schon nach einer halben Stunde gewußt hatte, wo Gordon steckte und daß er ihm nicht mehr entwischen konnte.

Als Murphy das Gefühl hatte, den falschen Freund hinreichend geschützt zu haben, ließ er Gordon aus seinem Versteck holen und in den Kerker werfen. Dort schmorte er sechs Monate. All seine Haftverkürzungen auf die fünfundvierzig Jahre wurden ihm wieder gestrichen. Außerdem mußte er ab jetzt ein rotes Hemd tragen.

Das rote Hemd diente als Zielscheibe, falls es zu Unruhen oder Aufständen kommen sollte. Die Wachen schossen auf alle Rothemden, die sich von ihrem Arbeitsplatz entfernten oder die Todeslinie überschritten.

Ich glaube, Gordon hat den Plan für den großen Ausbruch ausgeheckt, als er diese sechs Monate alleine im dunklen Kerker hockte.

19. Der Fluchtplan wird geschmiedet

Gordon kannte zwanzig weitere Männer, die sich in der gleichen Situation befanden wie er selbst. Männer ohne Hoffnung, die zu allem bereit waren. Er wußte, daß sie wahrscheinlich mitmachen würden. Sie mochten ihn alle. Er besaß eine anziehende Persönlichkeit, außerdem war er noch nicht so lange dort, daß er einer bestimmten Gruppe oder Clique angehört hätte.

Der Plan, den er ausgeheckt hatte, war sehr gewagt. Riskanter als alles, was zuvor versucht worden war. Zugleich war er sehr einfach:

Eine paar Häftlinge, etwa zehn bis zwanzig, sollten Wärter und Aufseher gefangennehmen und mit ihnen die Sperrlinien durchbrechen. Der Plan sah die Gefangennahme des gesamten Personals vor: Direktor, Doktor, Captain, Quartiermeister, Schließer, Aufseher und so viele Wärter wie möglich.

Der Montagmorgen schien die geeignetste Zeit für einen Versuch zu sein. Fast alle Wärter befanden sich dann im Büro. Sie besprachen dort die Arbeitspläne der kommenden Woche. Der Quartiermeister gab dort Kleidung aus, der Schließer hörte sich Bitten von Leuten an, die ihre Zellen tauschen wollten, und der Captain befand sich dort, um Gefangene für die Vergehen zu bestrafen, die zwischen Samstagnacht und Montagmorgen begangen worden waren.

Normalerweise warteten zehn bis fünfzehn Männer darauf, bestraft zu werden, weitere warteten auf Kleidung, und andere, um für neue Zellen oder neue Arbeiten eingeteilt zu werden. Insgesamt waren es an einem Montagmorgen etwa vierzig bis fünfzig Häftlinge, die vorm Büro des Captains warteten, nachdem die Kolonne zur Arbeit ausgerückt war. Wenn Gordon dort mit seinen Männern auftauchte, würde es also weder Unruhe noch Alarm auslösen.

Der Montagmorgen schien also der beste Zeitpunkt für einen so riskanten Versuch, wie ihn Gordon geplant hatte. Den Plan auszuhecken, die Männer zusammenzutrommeln und die Messer zu organisieren, all das ließ sich nicht in ein paar Tagen bewältigen. Gordon brauchte dafür Wochen und Monate, viele Monate, nachdem er wieder aus dem Kerker raus war. Aber er erledigte eins nach dem anderen.

Ich bin überzeugt, daß diese Männer, die den Ausbruch wagten, kaum damit rechneten, tatsächlich fliehen zu können. Sie unternahmen den Versuch in der Erwartung, dabei getötet zu werden. Wenn sie konnten, würden sie fliehen, wenn nicht, dann würden sie einige der Männer töten, die sie haßten, und dann zufrieden in den Tod gehen.

Die Zustände im Gefängnis hatten sich weiter verschlechtert und waren unerträglich geworden. Der Wärter, der für die Bestrafungen und damit für die Zwangsjacke verantwortlich war, hieß Cockrane. Die Männer haßten ihn so sehr, daß sie ihn alle töten wollten.

Cockrane war von Natur aus ein einfältiger und jähzorniger Mensch. Als er nun an diesen Ort kam, wo er uneingeschränkte Macht erhielt, konnte er seinen Sadismus ungehemmt ausleben und wurde zu einem grausamen Monster. Das war nicht allein seine Schuld, es war auch die Schuld der Zustände, die im Gefängnis herrschten und bei einem Mann wie ihm ihre Wirkung taten.

Cockrane wurde durch das Gefängnissystem geprägt, genau wie Oppenheimer. Aber er befand sich in einer Stellung, in der er seine Brutalität und Grausamkeit an wehrlosen Menschen auslassen konnte. Die Männer haßten ihn so erbittert, daß sie bereit waren, ihr Leben zu opfern, wenn sie ihn nur zuerst drankriegen konnten.

Von den zwölf Männern, die Gordon schließlich um sich scharen konnte, war keiner als besonders bösartig oder grausam bekannt. Sie hatten allesamt schon Vorstrafen, aber keiner von ihnen hatte je zuvor einen Fluchtversuch unternommen. Bei ihrer Verhaftung hatte keiner von ihnen Widerstand geleistet. Während ihrer Untersuchungshaft hatten sie keine Gewalttaten verübt und keiner von ihnen hatte versucht, aus dem Bezirksgefängnis zu entkommen, wo sie bis zu ihrer Verurteilung inhaftiert waren. Aber in Folsom, wo ein Ausbruch beinahe unmöglich war, wurden sie zum Äußersten getrieben und schlossen sich diesem Versuch an, der für die meisten von ihnen, wenn nicht für alle, den sicheren Tod bedeutete.

Als die Anführer den Ausbruch vorbereiteten, wußten sie genau, daß der Captain Wind davon bekommen würde, daß was im Gange war. Ihnen war klar, daß ihre täglichen Treffen und Besprechungen den Spionen des Captains nicht entgehen konnten.

Der Captain prahlte immer damit, daß im Gefängnis nichts von Bedeutung geschehen würde, über das er nicht schon vorher Bescheid wüßte. Und er hatte es auch immer wieder unter Beweis gestellt, indem er Fluchtpläne und Mordkomplotte vereitelte und Opium und andere Schmuggelware beschlagnahmen ließ.

Murphy hatte sein Spitzelsystem im Laufe der Zeit über das gesamte Gefängnis ausgedehnt. Diese Arbeit hatte ihn viele Jahre Mühe gekostet, und er war stolz darauf. Aber das System, das er aufgebaut hatte, wurde schließlich so groß, daß es in sich zusammenbrach. Seine Leute fingen damit an, getürkte Berichte abzuliefern, damit sie ihre guten Jobs behielten. Wenn sie Murphy nichts Handfestes lieferten, wo er zupacken konnte, schenkte er ihnen also nicht unbedingt Glauben.

Das erste, was den Spitzeln auffiel, war, daß Männer aus den verschiedenen Teilen des Gefängnisses die Köpfe zusammensteckten. Aber es gab nichts Greifbares, was sie berichten konnten. Sie teilten dem Captain also nur ihre Verdächtigungen mit. Murphy hielt diese Berichte jedoch für glaubwürdig genug, um am Tag vor dem Ausbruch, also am Sonntag, einige Männer filzen zu lassen. Man fand nichts. Keiner von ihnen besaß irgendeine Waffe.

Die Sache war ganz einfach gedeichselt worden. Wer eingeweiht war, trug keine Waffen bei sich. Die Messer, die benutzt werden sollten, wurden einem Häftling gegeben, der nicht beim Ausbruch mitmachte. Er trug sie die ganze Zeit bis zum festgesetzten Tag bei sich. Und er stand in keinerlei Verbindung mit den Rädelsführern.

Auch das Dynamit wurde von jemandem aufbewahrt, der nicht an den Plänen beteiligt war. Es war abgesprochen, daß die beiden Männer die Messer und das Dynamit den Anführern übergeben sollten, wenn sie die Kantine verließen. Und so geschah es auch.

Am Montagmorgen, dem 28. Juli, war also alles bereit. Die Wärter standen wie gewöhnlich vor dem Büro. Die Kolonne begann an ihnen vorbei zur Arbeit auszurücken.

Die Männer mit den Messern, die ausbrechen wollten, scherten einer nach dem anderen aus der Kolonne aus und blieben stehen, weil sie anscheinend auf ihre Bestrafung warteten. Der Captain war erfreut, daß so viele Männer aus dem Trakt, in dem die härtesten Burschen saßen, sich eine Bestrafung abholen sollten. Er bemerkte in Richtung Direktor: »Das gibt heute aber einen großen Gerichtstag!«

20. Der große Ausbruch

Während die Wärter also dastanden, marschierte die Kolonne der Häftlinge auf dem Weg zur Arbeit an ihnen vorbei. Die Männer, die eingeweiht waren, scherten einer nach dem anderen wie zufällig aus der Kolonne aus und hielten sich bereit.

Einer war ausgewählt worden, um den Wärter am Tor gefangen zu nehmen. Er kam als letzter. Zwölf Männer waren bereits draußen und standen im Halbkreis um den Captain herum. Als der letzte heraustrat, war das das Signal. Der Torwärter wurde sofort mit einem Messer in Schach gehalten. Der Halbkreis rückte gegen die anderen Aufseher vor. Die Männer fielen mit gezückten Messern über sie her. Jeder Mann überwältigte den Wärter, der ihm am nächsten stand.

Nur einer leistete Widerstand. Es war der einzige Mann vom Wachpersonal, der Mumm besaß. Ein alter Soldat, der nicht grausam und bei den Gefangenen beliebt war. Er wehrte sich mit seinem Knüppel. Er schlug zwei der Männer nieder. Sie erkannten, daß er den ganzen Plan zum Scheitern bringen würde. Niemand wollte ihn töten, aber ihr Leben lag in seiner Hand. Also stachen sie ihn ab.

Als die Häftlinge den Doktor überwältigten, dachte er natürlich, er würde für all die Dinge, die er getan hatte, getötet werden. Er hatte die Männer unbarmherzig und gnadenlos schikaniert. Er wußte, daß die Männer ihn haßten. Er war so verängstigt, daß er sich den Männern, die ihn festhielten, wie ein Fisch aus den Händen wand. Er rannte den Hauptweg entlang, um die Baracken herum und versteckte sich den ganzen Tag lang zwischen den Frauen. Als die verwundeten Wärter später Hilfe brauchten, mußten sie die Apotheke eigenhändig aufbrechen, um sich medizinisch versorgen zu können.

Die übrigen Aufseher wurden in das Büro des Captains getrieben. Als sie im Büro waren, tauchte Cockrane auf. Er war im Zellentrakt gewesen. Er hatte die Aufregung und den Lärm gehört und war herbeigeeilt. Jetzt stürmte er seinen Knüppel schwingend ins Büro. Sofort wurde er von einem Dutzend Messern niedergestochen. Jeder, der an ihn herankam, stach mit seinem Messer zu. Sie hackten ihn förmlich in Stücke. Sie dachten, sie hätten ihn erledigt.

Gordon war der Wortführer. Er sagte den Wärtern, daß sie ihn und seine Männer zur Waffenkammer führen sollten. Der Captain mußte ein weißes Handtuch emporhalten, als Zeichen, daß die Leute auf den

Wachttürmen nicht das Feuer eröffneten. Gordon sagte: »Ihr werdet uns durch die Sperrlinien führen. Wenn ihr uns nicht rausbringt, werden wir euch alle töten. Wenn ihr uns rausbringt, werden wir euch laufen lassen. Euch wird kein Haar gekrümmt werden und ihr könnt unbehelligt zurückkehren.«

Alle Wärter erwarteten, daß man sie für die Dinge, die sie getan hatten, töten würde. Jeder einzelne wußte, welche Grausamkeiten er all die Jahre an diesen Männern verübt hatte. Sie waren natürlich erleichtert, als Gordon ihnen zusicherte, daß sie nicht getötet würden, wenn sie taten, was man ihnen sagte.

Gordon hatte sich Murphy geschnappt. Seine Leute formierten sich in einem Rechteck um ihn herum. Jeder führte einen Wärter, das Messer an der Kehle, als Schutzschild vor sich her. So marschierten sie Richtung Tor. Als sie dort ankamen, stand ein Wärter auf der anderen Seite Wache. Die Männer hatten Dynamit dabei, um das Tor aufzusprengen, falls er sich weigern sollte, es zu öffnen, oder wenn er wegrennen würde. Aber der Wärter blieb auf seinem Posten. Gordon befahl Wilkinson: »Sag ihm, er soll das Tor aufmachen.«

Der Direktor wies, mit einem Messer an der Kehle, den Wachtposten an, das Tor zu öffnen. Er gehorchte. Gordons Leute überwältigten auch diesen Mann und nahmen ihn zusammen mit den anderen mit. Inzwischen war das Gefängnis in Aufruhr.

Vom Tor marschierten Murphy und seine Männer die hundert Yards zur Waffenkammer. Der Sohn von Captain Murphy, der dort arbeitete, hatte gerade Dienst. Die Waffenkammer war ein Turm. Im Erdgeschoß befand sich eine eiserne Tür. Nachdem der Sohn des Captains hineingegangen war, hatte er die Tür von innen verschlossen und war mitsamt den Schlüsseln den Turm hinaufgestiegen. Als die Männer eintrafen, befand er sich schon dort oben.

Gordon hielt Murphy das Messer an die Kehle und befahl ihm, seinem Sohn zu sagen, er solle die Schlüssel herabwerfen. In Todesangst tat Murphy wie ihm geheißen. Sein Sohn rief herab: »Ja, ja, wir machen alles! Laßt nur Vater am Leben!«

Er warf die Schlüssel herab. Gordons Männer schnappten sie sich und sperrten die Waffenkammer auf. Ein paar von ihnen gingen hinein und versorgten sich mit Waffen. Jeder Mann bekam ein Gewehr, zwei Revolver und soviel Munition, wie er tragen konnte. Dann zerstörten sie die restlichen Waffen.

Inzwischen war die Kolonne, die zur Arbeit ausrücken sollte, ins Gefängnis zurückbeordert worden. Einige der Gefangenen liefen umher und halfen den Wärtern dabei, versprengte Häftlinge zu jagen und sie wieder einzureihen und in ihre Zellen zu treiben. Es kam zu Dutzenden kleinerer Rangeleien.

Die Kalfaktoren sperrten die Männer eilig ein und zählten sie durch. Die Männer in der Verwaltung versuchten, Folsom und Sacramento ans Telefon zu kriegen, um Hilfe anzufordern. Die Alarmglocken begannen zu schrillen. Dann setzte ein Sträfling die Sirenen in Gang, um die Umgebung zu warnen, daß ein Ausbruch stattgefunden hatte.

Gordons Männer hatten inzwischen die Waffenkammer zerstört. Sie kamen mit ihren Waffen in der Hand wieder heraus. Einer der Männer wollte die Wärter in einer Reihe antreten lassen und alle erschießen. Er meinte, die Ausbrecher würden einfacher entkommen können, wenn sie sich zerstreuten. Aber Gordon ließ das nicht zu.

Jener Mann erklärte, er wolle zumindest Murphy erschießen. Er hegte einen besonderen Groll gegen Murphy, weil er ihn sehr gequält hatte. Aber ihr Anführer sagte: »Nein, wir haben unser Wort gegeben, niemandem etwas anzutun. Wenn du Murphy anrührst, werde ich dich töten.«

Dann marschierten sie los und nahmen die Wärter mit.

21. Sechs Mann entkommen

Als sie die Waffenkammer verließen, zog Gordon sein rotes Hemd aus und warf es auf den Haufen zerbrochener Gewehre. Dann marschierte er mit seinen Männern und den gefangenen Wärtern auf dem kürzesten Weg in die Wälder.

Sie gingen die Zufahrt zum Gefängnis in Richtung der Hügel entlang, bis ihnen ein Pferdegespann begegnete, das einen mit Holz beladenen Wagen zog. Sie hielten das Gespann an, und Gordon befahl den Wärtern, das Holz abzuladen.

Gordons Männer hielten sie mit den Gewehren in Schach und trieben sie zur Eile an. Nachdem sie das Holz an den Straßenrand geworfen hatten, stiegen die Wärter auf den Wagen, mit Ausnahme des Direktors und Captain Murphys.

Beiden nahm man Geld und Kleidung ab und erlaubte ihnen, zum Gefängnis zurückzugehen. Murphy kam dort in gestreiften Häftlingsklamotten an, und der Direktor ohne Jacke und Weste. Gordon hatte die beiden laufen lassen, weil er fürchtete, seine Männer nicht davon abhalten zu können, ihnen Gewalt anzutun, wenn er sie noch weiter mitnahm. Die beiden wußten, daß die Häftlinge Tausende von guten Gründen besaßen, sie zu töten. Sie waren sehr erleichtert, als man sie unbehelligt ziehen ließ.

Die Ausbrecher nahmen das Gespann und den Kutscher und fuhren mit den restlichen Wärtern weiter in die Hügel hinein. Der Alarm, den das Gefängnis ausgelöst hatte, brachte ein Aufgebot von Freiwilligen aus Folsom City herbei. Die Wachen auf den Türmen lotsten diese Leute auf den Weg, den Gordon und seine Männer genommen hatten.

Nach einer Stunde war die Schar in Sichtweite an das fliehende Fuhrwerk herangekommen. Gordons Männer blieben hinter den Wärtern auf dem Wagen in Deckung und trieben die Pferde weiter Richtung Hügel. Die Verfolger wagten nicht, das Feuer zu eröffnen, weil sie Angst hatten, einen Wärter zu treffen. Sie gaben nur einzelne Schüsse ab und verletzten einen der Gefangenen. Der Verwundete gehörte ursprünglich nicht zum Kreis der Verschwörer. Es war ein junger Bursche, fast noch ein Junge, und er hatte bloß eine kurze Strafe abzusitzen, nur vier Jahre. Aber als der Ausbruch im Gange war, hat er sich aus Abenteuerlust anstecken lassen und war auch getürmt.

Nachdem er einen Bauchschuß erhalten hatte, sah der Junge sich nur noch als Belastung für die anderen. Sie konnten ihn nicht mitnehmen. Doch wenn sie ihn zurückließen, würde er ins Gefängnis zurückgebracht und gehängt werden. Also nahm er seinen Revolver und erschoß sich. Die anderen waren der Meinung, es sei das beste, was er tun könne, also hinderte ihn niemand daran. Sie ließen seinen Leichnam am Wegesrand liegen.

Das Gespann fuhr weiter Richtung Hügel, die Schar der Verfolger auf den Fersen. Als sie die Hügel erreichten, stiegen sie vom Wagen und schlugen sich mitsamt den Wärtern in die Büsche. Das Aufgebot aus Folsom konnte nicht viel unternehmen, außer ein wenig umherzulaufen. Sie riskierten nicht allzu viel, um jemanden zu fangen. Gordons Männer hatten noch immer die Wärter in ihrer Gewalt, so daß ihre Verfolger nicht zu schießen wagten.

Als die Dämmerung hereinbrach, ließen die Männer die Wärter laufen. Sie wollten die Nacht nutzen, um möglichst weit vom Gefängnis wegzukommen. Bei Sonnenuntergang sagte Gordon: »Ich werde jetzt alleine weitergehen, Leute. Macht's gut, Gott schütze euch. Viel Glück!«

Er verschwand und wurde seitdem nicht wieder gesehen. Man vermutet, daß er sich nach Südamerika abgesetzt hat. Er hatte im Gefängnis Spanisch gelernt, aus einem kleinen Buch, *Spanisch in zehn Lektionen*, in dem er nachts immer las. Aber niemand weiß genau, wo er steckt. Nachdem Gordon weg war, zogen sechs der anderen ebenfalls alleine weiter. Die restlichen fünf blieben zusammen.

Als die Nachricht des Ausbruchs Sacramento erreichte, setzten sie dort einen Trupp Soldaten von der Miliz in Bewegung. Am zweiten Tag nahmen sie die Verfolgung auf und jagten diese fünf durchs Unterholz. Die Flüchtenden, die gut bewaffnet waren, legten einen Hinterhalt und erschossen zwei ihrer Verfolger. Da zogen sich die Soldaten zurück und schlugen ihr Lager für die Nacht an einem sicheren Ort auf. Am nächsten Morgen setzten sie das Gebüsch in Brand. Aber die Männer, die die ganze Nacht durchmaschiert waren, befanden sich um diese Zeit schon viele Meilen weit entfernt.

Diese fünf Ausbrecher haben sich, ohne Nahrung oder Geld, über die Berge nach Truckee durchgeschlagen, und von dort hinunter nach Nevada. Sie haben sich ihre Freiheit, was sie ihnen auch gebracht haben mochte, mit diesem Gewaltmarsch erkauft.

Von den zwölf Männern, die den Ausbruch geplant hatten, sind sechs entwischt und wurden nie wieder geschnappt. Die Leiche des Jungen, dem dreizehnten, der sich erst im letzten Augenblick dem Unternehmen angeschlossen hatte, lag am Wegesrand, fast noch in Sichtweite des Gefängnisses.

Drei der Männer wurden wieder eingefangen und gehängt: Woods, Eldridge und Murphy. Man hat sie für den Mord an dem Wärter gehängt, der vor dem Büro getötet worden war.

Eldridge war ein unschuldig Einsitzender, die beiden anderen saßen wegen Raubes in Folsom. Eldridge hatte zwar früher schon mal gesessen, danach aber gearbeitet und vier oder fünf Jahre keine Schwierigkeiten mehr gehabt. Er war verheiratet und lebte in Oakland. Dann wurde seine Frau krank und er verlor seine Arbeit. Während er auf Arbeitssuche war, traf er einen Burschen, der ein sehr erfolgreicher Einbrecher war. Er kannte ihn aus dem Gefängnis.

Dieser Bursche besaß eine beträchtliche Menge an Juwelen und anderer Beute aus verschiedenen Einbrüchen. Er bot Eldridge an, die Sachen auf Kommission zu verkaufen. Bei dem Versuch wurde Eldridge verhaftet, wegen Einbruchdiebstahls angeklagt und natürlich auch verurteilt. Er bekam fünfzehn Jahre.

Wenn es für ihn irgendeine Hoffnung gegeben hätte, wenn das Gesetz zur vorzeitigen Haftentlassung auf Bewährung tatsächlich funktioniert hätte, so daß er anderes hätte erwarten können als fünfzehn lange Jahre in Folsom, hätte er sich wahrscheinlich niemals dem Ausbruch angeschlossen, wofür er dann gehängt wurde.

Von den fünf Männern, die über die Berge geflüchtet waren, blieben nur zwei am Leben und in Freiheit. Von den sieben anderen, die sich damals in den Wäldern getrennt hatten, erlebte einer ein außergewöhnliches Abenteuer.

22. Nach dem großen Ausbruch

Ich werde diesen Mann Hamilton nennen. Er möchte nicht, daß ich seinen richtigen Namen verwende. Hamilton war derjenige, der in der kalten Winternacht bis ein Uhr nachts im Gang gestanden hatte, als die Inspektion sich die Beschwerden anhören wollte.

Für seine Aussage vor den Inspekteuren wurde ihm gleich danach sein Bonus gestrichen, mit der Begründung, er würde am Steinbrecher sein Pensum nicht erfüllen. Das bedeutete für ihn fünf zusätzliche Jahre in Folsom.

Bald darauf wurde er wegen eines kleineren Verstoßes in die Zwangsjacke gesteckt. Seitdem verspürte er einen persönlichen Haß auf die Wärter und hatte mit ihnen deswegen noch eine Rechnung zu begleichen. Als er gefragt wurde, ob er beim Ausbruch mitmachen würde, nahm er diese Gelegenheit sofort war.

Nachdem er sich damals in den Wäldern von den anderen getrennt hatte, schlug er sich Richtung Osten bis nach Pueblo in Colorado durch, wo er mit einer Zufallsbekanntschaft einen Raub verübte. Anschließend zogen sie weiter ostwärts nach Missouri. Eines Tages hielten sie am Wegesrand, um ihr Essen zu verzehren, das sie in einem kleinen Dorf gekauft hatten. Nach der Mahlzeit legte sich Hamilton schlafen. Dann kann er sich an nichts mehr erinnern, bis er wieder in einem Krankenhaus aufwachte.

Hamilton war von Farmern gefunden worden, die in die Stadt wollten. Er war niedergeschossen worden und lag bewußtlos am Wegesrand. Im Krankenhaus stellten sie fest, daß eine der Kugeln ein Auge durchschlagen hatte.

Der Marshall griff sofort nach seiner Waffe und zog los, um Hamiltons Weggefährten aufzuspüren, der verschwunden war. Er wußte, daß sie zu zweit gewesen waren, denn er hatte gesehen, wie Hamilton mit ihm im Dorfladen Essen gekauft hatte. Der Marshall vermutete, daß dieser zweite Mann Hamilton erst niedergeschossen und dann ausgeraubt hatte, da man bei ihm keinerlei Wertgegenstände finden konnte, nicht einmal ein Stück Papier. Hamilton lag im Fieberwahn und es gab nichts, wodurch man ihn identifizieren konnte.

Der Marshall schnappte den Mann irgendwo in den Feldern und sperrte ihn ein. Man ging davon aus, daß Hamilton sterben würde, also drohte seinem Kumpan eine Mordanklage. Unter diesem Druck brach der Mann zusammen und gestand, daß er Hamilton beim Reinigen seines Revolvers versehentlich erschossen hätte. Im festen Glauben, Hamilton sei tot, hatte er ihm seinen Revolver und alle Wertsachen abgenommen und war damit abgehauen. Als der Marshall wegen der Wertsachen nachhakte, gestand der Mann, daß es Beutestücke aus dem Raub in Pueblo waren.

Völlig unerwartet erholte sich Hamilton im Krankenhaus wieder, und man brachte die beiden nach Colorado. Dort kamen sie vor Gericht und wurden zu Haftstrafen in Canon City verurteilt. Aber schon nach kurzer Zeit bekam ein Spitzel heraus, daß Hamilton ein Sträfling aus Folsom war, der beim großen Ausbruch geflohen war.

Nachdem er seine Haft abgesessen hatte, brachte man ihn nach Kalifornien, wo er schuldig gesprochen und zu lebenslänglicher Haft in San Quentin verurteilt wurde. Unmittelbar nach seiner Ankunft in San Quentin flog der Fluchtplan einiger Häftlinge auf. Obwohl Hamilton nichts damit zu tun hatte, wurde er in Dunkelhaft gesperrt, in die Zellen für die Unverbesserlichen. Er blieb dort so lange in Einzelhaft, bis die Zellen für Unverbesserliche auf Befehl von Gouverneur Johnson[8] abgeschafft wurden.

Nach seiner Entlassung aus der Einzelhaft hatte er keinerlei Schwierigkeiten mehr. Vielleicht wird er eines Tages auf Bewährung entlassen. Sein Charakter und sein Naturell sind derart, daß er sich eher erschießen würde, als ein gegebenes Versprechen zu brechen und seine Bewährung zu gefährden.

Während sich all das außerhalb von Folsom abspielte, versuchte man drinnen, die Folgen des Ausbruchs in den Griff zu kriegen. Es gab keine Untersuchung, sondern nur einige Sitzungen. Untersuchungen wurden erst viel später eingeleitet. Im Moment waren sie zu sehr damit beschäftigt, die Ausbrecher wieder einzufangen. Die Belohnung von gewöhnlich fünfzig Dollar wurde auf fünfhundert erhöht.

Viele der Häftlinge wurden begnadigt, weil sie den Wärtern geholfen hatten, weitere Ausbrüche zu verhindern und die anderen Gefangenen in die Zellen zu sperren. Dann begannen die Wärter, sich an den anderen zu rächen. Die Freunde der Ausbrecher wurden ins Büro geholt, verhört, in den Kerker geworfen und in die Zwansgjacke gesteckt. Man drohte ihnen alle möglichen Strafen an, wenn sie nicht alles verrieten, was sie über den Ausbruch wußten, und über die Gewohnheiten und die Verwandten der Flüchtigen.

Therons Komplize, der mit ihm in Folsom eingeliefert worden war, wurde über ihn ausgefragt, weigerte sich aber, irgendetwas zu sagen. Er wurde für sechs Monate in den Kerker geworfen – sechs Monate! Er hat sie natürlich abgesessen.

Das Gefängnis war die reinste Hölle. Murphy und Wilkinson rächten sich für die erlittene Schmach. Ich weiß nicht, warum es ihnen nicht in den Sinn kam, daß wenn sie uns für das haßten, was die Ausbrecher ihnen angetan hatten, wir dann jeden gesetzestreuen Bürger auf Erden hassen mußten, für das, was sie uns antaten.

Draußen in der Öffentlichkeit zeigte der Ausbruch nur sehr langsam Wirkung. Die Leute begannen sich zu fragen, was die Häftlinge zu einer solchen Verzweiflungstat getrieben haben mochte, daß sie einen schwer bewaffneten Wachtturm mit nichts anderem als Rasiermessern angriffen.

Nach ein paar Monaten wurde Wilkinson wegen des Ausbruchs als Direktor abgesetzt. An seine Stelle trat Yell. Er verfügte über nur wenig Erfahrung und war gezwungen, sich langsam einzuarbeiten. Er verließ sich dabei ganz auf Murphy, der noch immer Captain war. Die ersten Monate nach Yells Amtsantritt kontrollierte Murphy praktisch das ganze Gefängnis, und der Rachefeldzug konnte ungehindert weitergehen. In dieser Zeit mußte auch ich dran glauben. Ich wurde zur Zwangsjacke verurteilt.

23. Ich werde in die Zwangsjacke geschnürt

Ich hatte nur noch drei Monate abzusitzen, als ich für die Zwangsjacke abkommandiert wurde. Ich hatte den Eindruck, als wollten die Wärter mir unbedingt meinen Haftbonus wegen guter Führung abluchsen und mich noch zwei Jahre und acht Monate länger absitzen lassen. Jedenfalls wurde ich auf Grund der Aussage eines Mitgefangenen zur Jacke verurteilt, zu *Zwecken der Aufklärung*, das heißt, bis ich das Opium herausrücken würde, von dem sie glaubten, daß ich es besäße.

Der Kalfaktor brachte mich zum Büro des Captains. Der Captain sagte mir, er verfüge über Informationen, daß ich Opium besäße. Wenn ich das zugegeben hätte, wär meine Haftverkürzung sofort weg gewesen. Also stritt ich es ab.

Da befahl der Captain: »Bringt ihn zum Doktor.«

Ich wußte, was das bedeutete. Ich sollte auf meinen körperlichen Zustand untersucht werden, bevor sie mich in die Jacke schnürten. Ich war fest entschlossen, lieber zu sterben, als meine Haftverkürzung zu verlieren, was unweigerlich passieren würde, wenn ich unter der Folter mit dem Opium rausrückte.

Andere Häftlinge, die die Jacke durchlitten hatten, berichteten, daß sie in einem halb ohnmächtigen, wahnhaften Zustand zu reden angefangen hatten. Ich konnte nicht wissen, wie die Jacke auf mich wirken würde, ob ich nicht auch in einen solchen Zustand geraten und mich verraten würde.

In der Zwangsjacke war schon eine Menge harter Burschen schwach geworden. Ich meinte, es durchstehen zu können und wollte es versuchen. Man hatte mich in Gefängnissen schon ausgepeitscht und hungern lassen, und ich hatte alles ›auf einer Arschbacke‹ abgesessen, wie man so sagt. Aber bei der Zwangsjacke kamen mir Zweifel.

Für mich konnte es nichts Schlimmeres geben, als meine Haftverkürzung einzubüßen und noch weitere zwei Jahre und acht Monate in Folsom darben zu müssen. Als ich auf den Kalfaktor wartete, der mich zum Doktor bringen sollte, gelang es mir, einem anderen Häftling, dem ich vertraute, eine Nachricht zukommen zu lassen. Er sollte mein Opium nehmen und an einem Ort verstecken, den ich nicht kannte. So würde ich das Versteck gar nicht verraten können. Auf diese Art wollte ich meine Haftverkürzung sogar vor mir selber schützen.

Ich wurde zum Kerker gebracht, wo der Doktor auf mich wartete. Er horchte mein Herz ab und erklärte, daß ich gesund sei. Auf dem Boden des Kerkers lag die Jacke für mich bereit. Außer mir waren noch zwei Wärter und ein weiterer Häftling anwesend. Einer der Wärter war Cockrane.

Ich mußte all meine Sachen ausziehen und bekam stattdessen nur Hemd und Hose und zog sie an. Vom Hemd riß ich alle Knöpfe, den Kragen und die Manschetten ab. Nach dem, was ich gehört hatte, verstärkte ein Knopf oder andere feste Sachen, wie Kragen oder Manschetten, den Schmerz und die Qualen ums Zigfache.

Die Zwangsjacke reichte mir vom Nacken bis zu den Knien. Sie bestand aus einem langen, breiten Stück glatter Leinwand, das sich auf dem Rücken zusammenschnüren ließ. Auf der Innenseite waren Taschen eingenäht, in die sie meine Arme zwängten.

Dann wurde ich auf den Bauch geworfen. Cockrane schnürte die Jacke auf dem Rücken zusammen, so sorgfältig wie einen Stiefel. Sie wurde mit einer weichen, aber starken Kordel verschnürt.

Während er damit beschäftigt war, sagte Cockrane zu mir: »Ihr Burschen habt versucht, mich kalt zu machen.« Er war der Wärter gewesen, der beim großen Ausbruch schwer verletzt worden war. »Jetzt werde ich mit euch abrechnen.«

Ich kann noch immer deutlich spüren, wie meine Finger und meine Hände zu kribbeln anfingen und taub wurden, noch bevor er mich zu Ende eingeschnürt hatte. Als er fertig war, drehte er mich auf den Rücken. Ich kann nicht beschreiben, wie ich mich fühlte. Und werde es nie können.

Ich geriet in einen Zustand, wo ich nicht mehr zu atmen vermochte. Jeder Atemzug stach mir wie ein scharfes Messer in die Lungen. Ich hätte nicht gedacht, daß man eine solche Qual ertragen kann. Es fühlte sich an wie ein Gummiband, das man sich straff um den Finger wickelt. Nur daß diese Leinwand meinen ganzen Leib einschnürte. Cockrane kam ungefähr einmal jede Stunde und fragte, ob ich jetzt das Opium rausrücken wolle.

»Ich habe kein Opium. Das hab' ich schon dem Captain gesagt«, antwortete ich.

Dann drehte mich Cockrane um und schnürte mich noch ein wenig fester ein, so lange es noch möglich war. Er prüfte auch immer wieder mal, ob die Schnürung sich gelockert hatte, dann zog er sie mit dem Griff seines Stocks nach.

Ich lag in der Mitte der Zelle auf einer gefalteten Decke. Am zweiten Tag versuchte ich einmal, meinen Kopf hart auf den Boden zu schlagen, um bewußtlos zu werden. Aber die Decke war zu dick. Nachdem das schiefgegangen war, drehte ich mich mühsam um. Ich rollte mich Richtung Wand und schlug meine Stirn dagegen. Aber ich besaß nicht mehr genug Kraft, um hart genug zustoßen zu können.

Ich weiß nicht, ob sie das Klopfen gehört hatten oder sowieso in die Zelle kamen, um nach mir zu sehen, jedenfalls erwischten sie mich dabei, wie ich mit dem Kopf gegen die Wand stieß und zogen mich wieder zurück auf die Decke. Mir fehlte die Kraft, ein weiteres Mal zur Wand zu rollen.

Da kam ein Bursche rein, der es gut mit mir meinte, der kein schlechter Kerl war. Er sagte: »Warum schreist du nicht? Dann lassen sie dich vielleicht raus. Kreische, als ob du sterben würdest! Schrei! Mach' Krach!«

Ich hatte schon selbst andere schreien hören, noch einen Block weiter im Steinbruch. Ich hatte gehört, wie die anderen Häftlinge aufhorchten und sagten: »Hört mal, wie der schreit!«

Ich wollte nicht, daß meine Freunde mich schreien hörten. Also blieb ich still. Außerdem würde es in meinem Fall nichts helfen. Und ich hatte ohnehin schon gar nicht mehr die Kraft dazu.

Sie hatten ein wenig Sorge, daß ihnen jemand sterben könnte. Es waren schon genug draufgegangen. Also kam der Doktor vor der zweiten Nacht, um mich anzusehen. Ich war um neun Uhr morgens eingeschnürt worden, und am Abend des zweiten Tages kam der Doktor und fühlte meinen Puls an der Schläfe.

24. Ich fasse einen verzweifelten Entschluß

Der Doktor ordnete an, die Jacke über Nacht abzunehmen. Damals gab es noch nicht die Vorschrift, niemanden über Nacht in der Zwangsjacke zu lassen, weil sie meistens so viel stöhnten und schrien, daß die anderen Gefangenen nicht schlafen konnten.

Nachdem sie mir die Jacke aufgeschnürt hatten, brach ich in der Ecke der Zelle zusammen. Dort stand ein Becher mit Wasser. Ich nahm nur einen kleinen Schluck, denn es würde sonst nur noch schlimmer, wenn sie mich wieder einschnürten, und ich wußte, daß sie das tun würden.

Die Angst, daß ich mich selbst verraten könnte, war schon verflogen, nachdem ich ein paar Stunden in der Jacke gewesen war. Die Bestialität dieser Folter machte mich selbst zur Bestie. Ich war entschlossen, mich eher zu töten, als weich zu werden.

Nach einer Weile begann ich, in der Zelle umherzukriechen. An den Kerkerwänden gab es keine Haken oder Nägel, an die ich herankam. Also begann ich, den Boden nach irgendeinem Stückchen Metall abzusuchen, mit dem ich mir die Pulsader öffnen konnte. Es gab nur ganz wenig Licht, das durch einen Spalt in der Tür fiel.

Ich fand nichts. Bei meinen Runden auf dem Boden stieß ich gegen meine Schuhe. Jemand hatte sie in die Ecke geworfen. Erst versuchte ich, einen Nagel aus dem Absatz zu ziehen, brachte es aber nicht fertig. Das einzige andere Metall an den Schuhen waren die Ösen. Mit meinen Fingernägeln löste ich eine heraus und klopfte sie mit dem Absatz des Schuhs auf dem Betonboden der Zelle platt.

Es gelang mir, das Metall zu schärfen, indem ich es ungefähr eine Stunde auf dem Boden rieb. Dann versuchte ich, meine Pulsader damit zu öffnen. Ich konnte zwar die Haut ritzen, aber das kleine Stück Blech verbog sich, sobald es die Ader berührte. Die Ader sprang darunter weg, sie war zu fest. Ich versuchte es eine geschlagene Stunde lang. Es war, als würde man versuchen, einen lebendigen Draht durchzuschneiden. Ich konnte spüren, wie die Ader unter dem Metall wegrutschte. Es war wie ein elektrischer Schlag.

Nach einer Weile gab ich es auf, legte mich hin und wartete auf den Morgen. Ich dachte nicht einmal ans Opium, obwohl ich damals stark abhängig war.

Um acht Uhr, als die Kolonne ausgerückt war, kam Cockrane zum Verhör. Er fragte mich, ob ich das Opium jetzt rausrücken würde. Ich sagte erneut, daß ich nichts hätte und daß es keinen Sinn mache, weiter darüber zu reden. Also holte er wieder die Jacke hervor und ließ noch einen Wärter und einen anderen Häftling kommen. Zwischen diesen dreien wurde ich dann für den dritten Tag eingeschnürt.

Es war noch ein wenig schlimmer als zuvor. Meine Beine waren mit Blasen übersät. Eine Stelle, wo ich einen Knopf übersehen hatte, war wund. Eine Falte in meiner Hose fühlte sich an wie ein Besenstiel, der mir in die Haut gepresst wurde, und das Fleisch war dort entzündet.

Den größten Teil des Tages lag ich benommen da. Ich glaube, ich habe nicht mehr so gelitten wie am zweiten Tag. Irgendwann spätabends banden sie die Jacke wieder auf. Ich weiß nicht genau, wann das war. Es hätte Abend sein können, aber auch Mitternacht.

Ich blieb so auf dem Boden liegen, wie sie mich hingelegt hatten. Mein Geist wurde erst gegen Morgen wieder etwas klarer. Ich wußte, daß mich ein weiterer Tag töten oder in den Wahnsinn treiben würde. Mir fiel die Geschichte des Indianerjungen ein, wie er durch die Sperrlinien gelaufen war und sich erschießen ließ, um der Folter durch die Jacke zu entgehen. Ich dachte mir auch einen Ausweg aus.

Wenn sie mich noch einmal einschnüren wollten, würde ich Captain Murphy holen lassen und ihm sagen, daß ich Opium besäße. Ich hätte es im Steinbruch versteckt, am Ufer des Kanals, würde den Wärtern aber nicht trauen und es lieber selbst hervorholen. Er solle mich dorthin begleiten, dann würde ich das Opium rausholen und ihm aushändigen. Dort angekommen, würde ich meine Arme um seinen Hals schlingen, ihn mit mir in den Kanal reißen und uns beide ertränken.

Am Morgen des vierten Tages öffnete sich die Zellentür. Cockrane warf die Jacke auf den Boden und rief nach dem anderen Wärter. Dann sagte er zu mir: »Du bist ein verdammter Idiot. Du rückst den Stoff besser raus. Wir haben ja noch gar nicht richtig angefangen. Heute werden wir alles aus dir rausquetschen, oder dich töten. Überleg dir's also gut und spuck's besser aus.«

25. Ich überstehe die Folter

Cockrane glättete die Jacke mit dem Fuß und trat die Falten heraus. Wieder fragte er: »Nun, wie steht's? Willst du endlich reden?«

Ich wollte warten, bis sie mir die Jacke anlegten, bevor ich nach dem Captain verlangte. Ich antwortete: »Nein, ich hab' kein Opium.«

Er sagte: »Also gut. Kommt her, Jungs, dann schnüren wir ihn wieder ein.«

Sie blieben aber alle stehen. Cockrane trat die Jacke ein wenig zur Seite und legte seinen Stock daneben. Er benutzte diesen Stock für alles mögliche: um den Häftlingen damit auf den Kopf zu schlagen, um die Zwangsjacke zu verschnüren, oder als Hebel, um sie enger zu ziehen. Er wollte offenbar, daß ich seinen Stock sehe.

Ich saß die ganze Zeit auf dem Boden. Er sagte: »Steh auf!«

Ich blieb sitzen. Ich konnte nicht aufstehen. Cockrane hob die Jacke auf, hielt sie einen Moment hoch und warf sie dann in den Gang.

»Raus hier!« schrie er mich an. Ich wußte, daß er heute mit dem Befehl in die Zelle gekommen war, mich freizulassen. Er hatte aber versucht, mir Angst einzujagen, in der Hoffnung, daß ich im letzten Augenblick noch schwach würde. Aber diesen Triumph hätte ich ihm nicht gegönnt, selbst wenn er mich langsam zu Tode gemartert hätte. Ich war schon nach den ersten zwei Stunden in der Jacke fest entschlossen gewesen, lieber selbst zu sterben oder jemand anderen zu töten, als das Opium rauszurücken.

Wäre der Captain zu mir gekommen und hätte gesagt: »Hör zu, du bunkerst 'ne Menge Opium. Ich weiß Bescheid. Gib's mir und ich werde es in den Kanal werfen. Ich versuch', euch Burschen anständig zu behandeln, und ihr macht mir mit diesem Stoff 'ne Menge Ärger. Laßt besser die Finger von dem Zeug. Wenn ihr mir keine Schwierigkeiten macht, werd' ich euch auch helfen.«

Hätte er das zu mir gesagt, hätte ich ihm bereitwillig das Opium gegeben und versucht, clean zu werden. Da bin ich mir sicher, das liegt in meiner Art. Und es gab noch eine Menge anderer Männer, die ebenso waren.

Aber wenn sie dich umbringen wollen, damit du nachgibst, dann bleibst du hart, egal wie qualvoll es ist. In dir verwandelt sich alles zu Haß. Du haßt alles und jeden. Du willst nur noch Rache. Den Wärtern kannst du nichts anhaben, da bist du machtlos, aber wenn du wieder rauskommst, bist du bereit, mit der ganzen Welt abzurechnen.

Aber sie waren von ihrem System überzeugt, Cockrane, Murphy, Wilkinson, sie alle glaubten fest daran. Sie dachten, es wäre die richtige Methode, um die Häftlinge in den Griff zu kriegen. Heute ist Cockrane Captain in Folsom. Er war eine Weile fort gewesen, aber vor ein paar Monaten haben sie ihn zurückgeholt. Als er ankam und sah, wie sie die Männer behandelten, verstand er die Welt nicht mehr.

Er sagte: »So erreicht man bei Sträflingen gar nichts. Flößt ihnen Rizinusöl ein, schnürt sie in die Jacke und zerquetscht sie mit aller Kraft. Das ist die einzige Sprache, die sie verstehen. Ich weiß, wovon ich rede.«

Das ist schiere Dummheit, die Äußerung eines Mannes, der durch die Zustände, die früher in den Gefängnissen geherrscht hatten, zum Scheusal geworden ist. Er ist unbelehrbar. Es ist der Standpunkt eines Mannes, der schon vor vielen Jahren gehängt worden wäre, genauso wie Oppenheimer gehängt wurde, wenn die Gesetze gleichermaßen für Häftlinge und Wärter gälten. Seine Anwesenheit in Folsom wirft das Gefängnis um zehn Jahre zurück.

Die beiden Gefangenen, die im Kerker arbeiteten, halfen mir, meine Schuhe und meine Kleidung anzuziehen und brachten mich in meine Zelle. Sie legten mich auf eine Pritsche, wo ich wie tot liegenblieb.

Als mittags die Kolonne einrückte, tauchte mein Freund, der das Opium für mich aufbewahrt hatte, mit einer großen Portion davon in meiner Zelle auf. Er sagte: »Ich dachte mir, du könntest 'ne Prise davon gebrauchen. Wir haben gehört, daß du wieder aus'm Sack raus bist.«

Ich wunderte mich, daß er ein solches Risiko für mich eingegangen war, und sagte ihm, daß ich davon ausgegangen wäre, daß er das Opium vernichtet hätte. Er erwiderte: »Ich war mir sicher, daß du nicht singen würdest, also hab' ich's für dich aufgehoben.«

Ich nahm eine kleine Dosis und fühlte mich etwas besser, ein wenig betäubt. So lag ich da, bis Zeit zum Schließen war und Paul hereinkam.

Wir hausten jetzt fünf Jahre in der gleichen Zelle. Man schließt sehr eng Freundschaft in dieser Zeit, wenn man mit jemandem zusammen auf einer Fläche von sechs mal acht Fuß lebt und alles teilt, angefangen von den Zigaretten. Wir hatten all die Jahre weder Streit noch Unfrieden.

Paul war so gutmütig, ruhig und anständig, wie ein junger Bursche nur sein konnte. Er nahm kein Opium und beteiligte sich nicht an den üblichen Knastintrigen. Er geriet nie in irgendwelche Schwierigkeiten. Als er hereinkam, musterte er mich eingehend und fragte: »Bist du verkrüppelt?«

Ich war's nicht und sagte es ihm. Er fragte nicht weiter, half mir aber aus Schuhen und Klamotten und deckte mich zu. Dann begann auch er, sich zu entkleiden. Als er sein gestreiftes Hemd auszog, sah ich, daß an einer Schnur um seinen Hals ein neues, langes, scharfes Messer hing. Ich fragte: »Was ist das, Paul? Wofür ist das Messer? Steckst du in Schwierigkeiten? Hat es jemand auf dich abgesehen?«

»Nein«, antwortete er, »das ist für Murphy. Hätten sie dich getötet oder verkrüppelt, wär' ich direkt in sein Büro und hätte das Messer in seinen Bauch gerammt. Ich hätte ihn auf der Stelle getötet, danach hätten sie mich ruhig aufknüpfen können.«

Das zeigt, wozu die Männer getrieben wurden.

Es hat noch drei Tage gedauert, bis ich wieder auf die Beine kam und an meine Arbeit gehen konnte. Meine Finger und Hände sind nie wieder ganz normal geworden, sie fühlen sich wie erfroren an. Bis zum heutigen Tag beginnen sie zu kribbeln und werden taub, sobald es ein wenig kühler wird. Das Blut kann nicht mehr richtig zirkulieren.

Aber ich hatte meine Haftverkürzung gerettet. Vier Monate später mußten sie mich ziehen lassen. Und ich ging nach draußen, um mit allen abzurechnen.

26. Wie der Ausbruch in Folsom zu Reformen führte

Die Folgen des großen Ausbruchs zeigten sich erst, als ich schon aus Folsom weg war. Die Grausamkeiten gingen selbst unter Direktor Yell weiter, dem Nachfolger von Wilkinson, der wegen des Ausbruchs entlassen worden war. Yell besaß keinerlei Erfahrung im Strafvollzug. Er mußte sich erst einarbeiten und verließ sich größtenteils auf Murphy, der jedoch durch den Ausbruch nichts dazugelernt hatte.

So verschlimmerten sich die Mißstände erst einmal. Murphy rächte sich wegen des Ausbruchs an den Männern. Die Folge war ein weiterer Fluchtversuch, der im Jahr darauf unternommen wurde.

Dieser Ausbruchsversuch scheiterte auf ganzer Linie. Die Häftlinge hatten es diesmal mit anderen Wärtern zu tun. Einer der ersten Befehle, die Direktor Yell nach Amtsantritt ausgegeben hatte, lautete, daß alle Wärter solche Anordnungen, wie sie beim großen Ausbruch von Murphy und dem Direktor erzwungen worden waren, ignorieren sollten. Die Wachtposten wurden angewiesen, auf alle Häftlinge zu schießen, die die Todeslinie überquerten, ganz gleich, ob sie von Wärtern oder gar vom Direktor selbst begleitet wurden.

Der zweite Ausbruch wurde nach dem Muster des ersten durchgeführt. Die Gefangenen schlugen bei den Steinbrechern los, wo sie Wärter und Wachtposten in ihre Gewalt brachten. Sie marschierten Richtung Sperrlinie und wurden von den Posten auf den Wachttürmen unter Feuer genommen. Ein oder zwei Wärter wurden verletzt und einige Häftlinge erschossen. Der Versuch schlug fehl.

Daraufhin wurden draußen wieder Fragen laut. Die Leute wollten wissen, was die Männer zu dieser Verzweiflungstat getrieben haben könnte. Das war der Beginn von Veränderungen. Direktor Yell erkannte, wo die Probleme lagen. Statt sich an den Beteiligten des zweiten Ausbruchs zu rächen, so wie beim ersten Mal, wurde Yell klar, daß Murphys Methoden völlig falsch waren. Er nahm die Sache nun selbst in die Hand und war fest entschlossen, andere Methoden anzuwenden.

Yell ließ den aufsässigsten Gefangenen von Folsom zu sich kommen. Der Mann hatte schon in der ersten Woche seinen ganzen Haftbonus verloren. Seitdem hatte er sich das Zwanzigfache an Strafen eingehandelt. Nur von der Zwangsjacke war er verschont geblieben. Sein Herz war so schwach, daß er in der Jacke sofort sterben würde. Das wollten sie nicht riskieren.

Direktor Yell ließ also diesen Mann kommen und sagte zu ihm: »Whitey, du bist wahrscheinlich der schlimmste Bursche hier im Gefängnis. Du hast deinen Haftbonus verloren, zwei Jahre und acht Monate. Sonst wärst du letzte Woche schon rausgekommen. Wenn du zurück an deine Arbeit gehst und sechs Monate keine Schwierigkeiten machst, wird der Rat der Direktoren dir den Bonus zurückgeben.«

Whitey war wie vom Donner gerührt. Er konnte es kaum glauben. Der Direktor sagte: »Ich mache das nicht wegen dir. Ich will damit den anderen zeigen, daß sie sich ebenfalls ihren Bonus zurückholen können. Geh an deine Arbeit, mach' keinen Ärger, und ich verspreche dir, daß du in sechs Monaten draußen bist.«

Also ging Whitey zurück an seine Arbeit und die Nachricht verbreitete sich wie ein Lauffeuer durchs Gefängnis. Nach sechs Monaten guter Führung erhielt Whitey seinen Bonus zurück, so wie es der Direktor versprochen hatte, und wurde entlassen. Der Direktor sagte: »Ich hatte dich für den hoffnungslosesten Fall von allen gehalten. Deshalb bist du ausgewählt worden, um den anderen zu zeigen, daß es auch für sie eine Chance gibt, und daß sie Aussicht auf eine faire Behandlung haben. Du hast dein Wort gehalten, und ich habe meins gehalten. Versuche, draußen so weiterzumachen, hoffentlich wird es sich auszahlen.«

Whitey hatte damals bereits zum dritten Mal gesessen. Er wurde aus Folsom entlassen und fand eine Arbeit. Das war im Jahr vor der großen Brandkatastrophe von San Francisco.[9] Durch das Feuer verlor er seinen Job, aber als die Lage sich wieder normalisierte, fand er Arbeit in einer Ziegelei. Nach einem Monat war er Vorarbeiter einer Kolonne. Er heuerte Leute an, teilte sie zur Arbeit ein und entließ sie auch.

Eines Tages tauchte in der Reihe der Arbeitssuchenden ein bekanntes Gesicht auf. Whitey sagte nichts und schickte den Mann mit den anderen an die Arbeit. Um vier Uhr nachmittags kam dieser neue Mann zu Whitey und sagte: »Whitey, ich weiß, wer du bist, werde aber niemandem etwas verraten. Diese Arbeit ist zu hart für mich. Gib mir was Leichteres. Und denk dran, ich werde niemandem was verraten ...«

Da verlor Whitey die Fassung. Er zeigte auf einen hohen Steinhaufen und sagte: »Cass, du kannst dich da oben auf diesen Haufen stellen und der ganzen *****Welt erzählen, was du über mich weißt. Nur zu. Aber wenn ich dieser Kolonne hier erzähle, daß du früher mal Wärter in Folsom gewesen bist, der Gehilfe des Henkers, daß du meinen Bonus einkassiert hast, daß ich wegen dir zwei von fünf Jahren Haft im Kerker verbracht habe, daß du mein Kissen aufgeschnitten und die Federn in der ganzen Zelle verstreut hast – wenn ich ihnen die Wahrheit über dich erzähle, dann werden sie dich so tief unter diesem Steinhaufen begraben, daß du erst beim nächsten Erdbeben wieder zum Vorschein kommst.«

Am nächsten Morgen erschien Cass nicht wieder zur Arbeit. Das ist jetzt zehn Jahre her. Seitdem ist Whitey immer geregelter Arbeit nachgegangen und nie wieder im Knast gewesen. Er hat eine gute Stelle in San Francisco und genießt das Vertrauen seiner Chefs.

Seit dieser Zeit ist es in Folsom zu vielen Veränderungen gekommen. Damals hat man es noch nicht Reformen genannt. Das kam erst, als ein paar Jahre später Donald Lowries[10] Geschichte erschien und die Leute den Begriff von ihm übernahmen. Die beiden Ausbrüche hatten Direktor Yell einfach gezeigt, wie man am besten mit den Männern umgeht, sei es im Gefängnis oder draußen.

Zuerst hatte er es schwer. Er hatte mit Leuten zu tun, die seit Jahren in dieser Hölle lebten. Sie empfanden für alle Wärter nichts als Haß und Rachsucht. Yell mußte behutsam vorgehen. Er schaffte weder Bestrafungen noch Zwangsjacke ab, aber er wandte sie kaum noch an. Er war weniger streng. Im Gefängnis machte sich eine andere Atmosphäre breit. Die Häftlinge bekamen das Gefühl, fair behandelt zu werden.

Der Direktor hörte sich nicht nur die Berichte der Wärter an, sondern fragte auch die Gefangenen, wie sie eine Sache sahen. Er unterhielt auch kein Spitzelsystem. Er betrachtete die Gefangenen als Menschen, und nicht als wilde Tiere.

Ich habe diese Neuerungen nicht mehr erlebt. Ich wurde entlassen, bevor sie spürbar wurden. Als ich aus Folsom rauskam, hatte ich mich noch kaum von der Zwangsjacke erholt. Ich haßte alle Menschen auf der Welt, außer meinen wenigen Freunden, die ebenfalls Verbrecher waren.

Ich befand mich wieder in Freiheit, fühlte mich aber wie ein Raubtier, das man inmitten seiner Opfer freigelassen hatte.

Fremont Older[11]
Jack Black ist tot
San Francisco Call-Bulletin, 22. Juni 1933

Ich bin mir sicher, daß mein Freund Jack Black tot ist. Vor mehr als einem Monat verschwand er aus seiner Wohnung in 19 West 103. Street, und seitdem hat niemand mehr etwas von ihm gehört.

Den Lesern des *Call-Bulletin* muß ich nicht erst lange erklären, wer Jack Black ist. Als Jack vor zwanzig Jahren seine letzte Gefängnisstrafe in San Quentin abgesessen hatte, kam er direkt auf meine Ranch im Santa Clara County, fest entschlossen, sein altes Leben für immer hinter sich zu lassen. Jeder, der seine Geschichte kennt, weiß, daß er Wort gehalten hat. Seit dem Tag, an dem er das erste Mal auf der Ranch auftauchte, war sie sein Zuhause. Wegen seiner Arbeit in der Druckerei beim alten *Bulletin* und anschließend als Bibliothekar bei *The Call* war er gezwungen, in der Stadt zu leben, aber er wußte, daß die Ranch, solange ich und Mrs. Older lebten, sein Zuhause war. Wir betrachteten ihn als Mitglied der Familie.

Nachdem er aus dem Gefängnis entlassen worden war, habe ich jahrelang versucht, ihn dazu zu bewegen, seine Lebensgeschichte niederzuschreiben. Ich wußte schon seit langem, daß er ein begabter Schreiber ist, aber erst 1925 verfaßte er diese packende und mitreißende Story, die im selben Jahr zuerst in Fortsetzungen in *The Call* abgedruckt wurde. Schon einen Monat nach Erscheinen der ersten Folge war sie das Stadtgespräch, und Jack, der als Redner ebenso begabt war wie als Schreiber, wurde bei den Dinners und Lunches der Clubs zu einem gefragten Gast, und auch bei Sozialarbeitern und allen anderen, die sich für die Reformen des Strafvollzugs interessierten.

Als die Serie in der Zeitung zu Ende war, brachte die MacMillan Publishing Company aus New York sie 1926 unter dem Titel *You can't win* als Buch auf den Markt. Schon bald nach seiner Veröffentlichung war es in Amerika und in London das am meisten diskutierte Buch. Die Times aus London widmete ihm eine ganzseitige Besprechung und erklärte, daß Jack Black ein Autor von Format sei. Das Buch erhielt überall hervorragende Kritiken und wurde seitdem ins Russische, Schwedische und Französische übersetzt.[12]

Kurz nach Veröffentlichung des Buches hat Jack die Geschichte mit Bessie Beatty[13] als Theaterstück bearbeitet. Als *Salt Chunk Mary*[14] wurde das Stück in Los Angeles von Lucille La Verne[15] aufgeführt, die auch die Titelrolle spielte. Nachdem es lange Zeit in Los Angeles gelaufen war, sollte das Stück auch nach New York kommen, gelangte wegen einer Meinungsverschiedenheit zwischen dem Autor und Lucille La Verne jedoch nicht zur Aufführung.

Inzwischen hatte Jack einen solchen Bekanntheitsgrad, daß er die Winter in New York verbringen und gut von den Vorträgen, die er unter der Schirmherrschaft der *National Broadcasting Company* hielt, leben konnte. Er hielt auch viele kostenlose Vorträge vor Frauenvereinigungen, in Kirchen und vor den Studenten von Harvard und Yale. Die Sommer verbrachte er auf meiner Ranch.

Eine sehr reiche New Yorker Dame bot Jack an, ihm ein Büro zu finanzieren, in dem ehemalige Sträflinge Hilfe finden konnten. Aber er sagte mir, er wolle keinen Cent von dem Geld, weil er befürchtete, daß die Sache bloß ein Spektakel für die Society werden und er nur noch ein Lohnempfänger sein würde.

Als er aus dem Gefängnis entlassen worden war, trug er schon die Keime einer Tuberkulose in sich. Ein Arzt hatte ihn gewarnt, daß er nur noch ein paar Jahre zu leben hätte. Mit jedem Jahr wurde er schwächer, aber nie erwähnte er es gegenüber irgendjemandem.

Als er im letzten September die Ranch Richtung New York verließ, war er schwächer als je zuvor. Wegen der Weltwirtschaftskrise war es schwierig geworden, Engagements für Vorträge zu bekommen. Tatsächlich lief das Geschäft so schlecht, daß er gezwungen war, seine geringen Ersparnisse anzugreifen, um seinen Lebensunterhalt bestreiten zu können.

Letzten November brachte das Vanderbilt Theater sein Theaterstück unter dem Titel *Jamboree* auf die Bühne, aber es wurde in den meisten Kritiken böse verrissen und fiel durch.[16] In seinem angegriffenen Zustand entmutigte ihn dieser Fehlschlag sehr. Im Frühjahr hatte er dann nicht genug Geld, um die Fahrt zur Ranch zu bezahlen. Natürlich wäre es jedem seiner vielen Freunde ein Vergnügen gewesen, ihm zu helfen. Aber Jack lieh sich nie etwas, wenn er sich nicht sicher war, es auch zurückzahlen zu können. Ich kannte Jack und wußte, daß er lieber sterben würde, als auf Kosten seiner Freunde zu leben. Er hatte kein Verständnis für Leute, die so etwas taten. Tod bedeutete ihm nicht mehr als abzutreten und eine neue Tür zu öffnen. Er sagte mir einmal, daß er in der Zeit, nachdem er zum ersten Mal aus einem Gefängnis entlassen worden war, immer in der Hoffnung gestohlen hatte, dabei getötet zu werden.

Von seinem Verschwinden habe ich zum ersten Mal vor fünf Wochen von einem Freund aus New York gehört. Da galt er schon eine Woche als vermißt. Den Leuten in seinem Haus hat er erzählt, er würde zu MacMillan gehen. Später fand man heraus, daß er dort nie angekommen ist. Ihm standen noch Tantiemen vom Verkauf seines Buches zu. Es lagen insgesamt siebzig Dollar für ihn bereit, aber er hat sie nie beim Verlag abgeholt. Seitdem hat niemand mehr etwas von ihm gehört. Der letzte, der ihn gesehen hat, ist Louis Yassky, sein Hauswirt, der auch mit ihm befreundet war. Am Tag zuvor hatte sich Jack von ihm einen Dollar geliehen, da er wußte, daß er es mit dem Geld von MacMillan zurückzahlen konnte. Er sagte zu Yassky, daß er noch in derselben Nacht zu meiner Ranch aufbrechen würde. Bei anderen Gesprächen mit Yassky hatte er ihm erzählt, daß es ihm egal sei, wann er sterben würde, er wolle bloß nicht leiden. »Ich habe viele Freunde, die mir Geld leihen würden«, sagte er, »aber ich werde sie nicht fragen. Ich weiß nicht, ob ich es zurückzahlen kann.« Er sagte Yassky auch, wenn er sich selbst tötete, würde er sich Gewichte an die Füße hängen, damit er nicht wieder auftauchte. Er wollte nicht, daß seine Freunde seine Leiche finden.

Jacks Freunde in New York haben alles nach ihm abgesucht. Sein Verschwinden wurde im Radio bekanntgegeben. Außerdem heuerten sie einen Detektiv an, der aber nur herausfand, daß Jack seine Uhr für acht Dollar versetzt hatte. Diese Uhr bedeutete Jack mehr als alles, was er je besessen hatte. Sie wurde ihm von seinen Freunden in der Druckerei des alten *Bulletin* überreicht, und diejenigen von uns, die ihn am besten kennen, wissen, daß er dem Ende nahe gewesen sein muß, da er sich von dieser Uhr getrennt hat. Er hat keinen Abschiedsbrief hinterlassen, er wußte, daß seine Freunde ihn verstehen würden.

Da ich Jack Black sehr gut kannte, weiß ich, daß er ohne auch nur einen Augenblick zu zögern für einen Freund in den Tod gegangen wäre. Er maß seinem Leben keinen Wert bei.

Während meines Lebens habe ich viele Menschen sehr genau kennengelernt, aber ich kann mich an keinen erinnern, der Jack Black an Charakterstärke, Treue und Freundschaft übertroffen hätte. Seit Jahren spreche ich von ihm als einen einzigartigen Menschen, und ihn zu verlieren – ja, das macht das Leben ein wenig weniger lebenswert.

[1] Rose Wilder Lane, 1886-1968, amerik. Journalistin und Autorin, die Tochter von Laura Ingalls Wilder, der Autorin von *Little House on the Prairie* (»Unsere kleine Farm«).

[2] Die sogenannte Habeas-Corpus-Akte, die ursprünglich 1679 in England gegen willkürliche Verhaftungen erlassen wurde.

[3] Jack Blacks Groll wird verständlicher, wenn man weiß, daß er dieser Frau, Irish Annie, zu Beginn ihrer Bekanntschaft aus einer höchst prekären Lage herausgeholfen hat. Nachzulesen in seiner Autobiographie *Du kommst nicht durch*.

[4] Ein Grund für die Errichtung des Gefängnisses bei Folsom waren u.a. die großen Granitvorkommen in der Gegend.

[5] auch Epsomsalz, ein Abführmittel.

[6] Maud Booth, 1865-1948, engl. Philanthropin, verheiratet mit Ballington Booth, dem Sohn des Gründers der Heilsarmee.

[7] Der »Diakon«, der »Holländer« und »Klapsmühlen-Willy«.

[8] Hiram Warren Johnson, 1911-1917 Gouverneur von Kalifornien, führte zahlreiche Reformen durch.

[9] Das größtenteils aus Holzhäusern erbaute San Francisco ist immer wieder von Bränden verheert worden. Hier ist vom Erdbeben und dem Brand von 1906 die Rede, den Black selbst von der Gefängnisinsel Alcatraz aus beobachten konnte, wie er in der Fortsetzung zu diesem Buch (*Out of Prison*) beschreibt.

[10] Donald Lowrie, gest. 1925, amerik. Journalist und Autor, setzte sich für Reformen im Strafvollzug ein. Er hat zehn Jahre wegen Einbruchs in San Quentin gesessen, worüber er in seinem Buch *My Life in Prison* berichtet.

[11] Fremont Older, 1856-1935, amerik. Zeitungsverleger, u.a. des *San Francisco Call-Bulletin*, er hat Jack Black nach seiner letzten Haftentlassung sehr geholfen.

[12] Aber erst 1998 ins Deutsche: *Du kommst nicht durch*, Karin Kramer Verlag, Berlin.

[13] Beatty schrieb auch für die Zeitung von Fremont Older, ebenso wie Rose Wilder Lane, der Jack Black die Geschichte des Ausbruchs aus Folsom diktiert hat.

[14] »Pökelfleisch-Mary«, Name einer Hehlerin, die eine wichtige Rolle in Blacks Leben gespielt hat.
[15] Lucille La Verne (1872-1945), Schauspielerin
[16] Insgesamt fanden zwischen dem 24. November und Anfang Dezember 1932 achtundzwanzig Aufführungen statt. Hier sei noch erwähnt, daß das *Irondale Ensemble* aus Brooklyn, N.Y., das Stück unter den Namen *You can't win* zwischen dem 8. und 26. November 1994 wiederaufgeführt hat.